LE YANGTSÉ SACRIFIÉ

DU MÊME AUTEUR
AUX ÉDITIONS DENOËL

La Couleur du bonheur, 1996

Wei-Wei

LE YANGTSÉ SACRIFIÉ

voyage autour du barrage des Trois-Gorges

長江

Denoël

DOCUMENTS ACTUALITÉ

Ouvrage publié sous la responsabilité
de Brigitte Strauss

9, rue du Cherche-Midi, 75006 Paris
ISBN 2.207.24521.7
B 24521.4

UNE AVENTURE QUI COMMENCE MAL

Juin 1995

De nouveau j'ouvre mon sac de voyage pour y ajouter un gobelet en fer-blanc, une cuillère, un canif et une paire de baguettes en bambou enveloppées dans un mouchoir blanc. Puis je vérifie encore une fois papiers, argent, billet d'avion, avant de tirer la fermeture Éclair et de sortir.

La rue est lumineuse, gorgée de soleil. Il y a très peu de voitures, presque pas de vélos. Je jette un coup d'œil à ma montre. Deux heures moins cinq de l'après-midi. Le temps de la sieste sacrée.

Un taxi passe. Je lui fais signe. Le chauffeur exécute un demi-tour pour s'arrêter devant moi.

– Je voudrais prendre le car pour aller à l'aéroport, vous savez où se trouve l'arrêt ?

– Bien sûr que oui, répond le chauffeur, un garçon de vingt ans qui a l'air assoupi par la chaleur.

Je monte. Le faux cuir du siège est brûlant.

– Si on allait directement à l'aéroport ? me propose-t-il en démarrant. Je vous ferai un bon prix.

– Combien ?

– Soixante-cinq kuais* !

Le car coûte douze kuais.

– Non, merci, lui dis-je.

Avant-hier, après avoir embrassé mes deux garçons qui jouaient avec leurs cousines dans le salon, je suis montée dans l'express Guilin-Nanning. Maman qui m'accompagnait jusqu'à la gare de Liuzhou** n'a cessé de me bombarder de recommandations : « Pars tranquille. Les enfants, nous nous en occuperons. Surtout, fais attention à ta propre sécurité. Gare aux voleurs. Tu ne peux pas savoir comme ils sont nombreux et terribles. N'oublie pas de nous téléphoner quand ce sera possible. As-tu pris ta veste ? Il fait frais sur le bateau la nuit... – T'inquiète pas, maman, je suis grande... », lui dis-je avec un sourire que je voulais le plus rassurant possible. « Grande, d'accord, m'interrompt-elle, mais tu ne peux pas t'imaginer combien la Chine a changé depuis ta dernière visite. » Justement, c'est pour voir combien mon pays a changé que j'y suis retournée...

Le taxi traverse le pont Chaoyang, s'arrête sous un manguier devant le bureau des réservations d'Air China. La porte du bureau est fermée. Les employés doivent être encore chez eux à faire la sieste.

* 1 yuan = 10 jiaos = 100 fens, mais dans la langue parlée on remplace souvent « yuan » par « kuai » et « jias » par « mao ».

** Liuzhou, ville située entre Guilin et Nanning, province de Guangxi au sud de la Chine.

– Dix kuais, dit le chauffeur.

– Vous êtes sûr que c'est bien ici qu'on attend les cars pour l'aéroport ? je demande, un peu inquiète de ne voir aucun panneau indicateur.

– Mais bien sûr ! J'ai déposé un client ici ce matin même qui lui aussi se rendait à l'aéroport.

Rassurée, je le paie puis descends. Aussitôt, un homme corpulent d'une quarantaine d'années s'approche.

– Vous allez à l'aéroport ? me demande-t-il avec un large sourire.

Il porte un T-shirt bleu ciel, les mains enfoncées dans les poches d'un pantalon gris clair.

– Pourquoi ? dis-je avec méfiance.

– Je pourrais vous y conduire pour soixante kuais, explique-t-il en pointant du doigt une voiture rouge garée devant un hôtel à quelques mètres de nous.

– Non, merci, je prends le car. A propos, où attend-on les cars s'il vous plaît ? Il n'y a pas d'indication...

– C'est ici, affirme-t-il, toujours souriant. Il part à quelle heure ?

– A deux heures et demie.

Je regarde ma montre. Deux heures dix.

– Ne vous inquiétez pas, les cars viennent toujours à la dernière minute.

– Merci.

Je pose mon sac à terre entre mes pieds, sors un mouchoir, m'éponge le front.

Ciel éblouissant. Chaleur écrasante. A une dizaine de mètres à gauche, des voyageurs sont accroupis sur le perron de la gare routière, l'air fatigué. De l'autre côté de la rue, une femme en robe blanche franchit le seuil d'une des petites boutiques de mode qui, elles, restent ouvertes.

Deux heures vingt-cinq. Je regarde à gauche et à droite, toujours pas la moindre ombre d'autocar.

Deux heures vingt-huit. Je ne tiens plus en place. J'attrape mon sac à dos et cours vers l'hôtel pour me renseigner.

– Les cars pour l'aéroport ? reprend la réceptionniste d'une voix indifférente. Remontez la rue jusqu'au bout, puis tournez à droite...

Merde ! Je n'ai pas attendu qu'elle finisse sa phrase pour m'élancer au-dehors. Je cours comme une folle mais trop tard ! J'arrive pour apercevoir le derrière de mon autocar qui s'éloigne à toute vitesse. Je suis furieuse.

– Le prochain ne partira pas avant quatre heures, avertit une voix derrière moi.

Je me retourne : l'homme corpulent m'a suivie.

– Mais je pourrai vous conduire à l'aéroport pour trente kuais, poursuit-il avec empressement, j'ai déjà un client dans la voiture, il est d'accord pour partager la course avec vous...

Le salaud !

– Non, lui dis-je d'un ton glacé.

– Alors, vous allez rater votre avion, conclut-il avec un petit sourire cynique.

Je fais volte-face. Un taxi passe. Je lève la main. Il s'arrête devant moi. Je demande :

– Pour aller à l'aéroport ?

– Soixante kuais, répond le chauffeur.

J'ouvre la portière, jette mon sac, monte. Clac ! Le taxi redémarre. A travers la vitre, la grimace de dépit de l'homme corpulent me fait sourire.

Le petit hall de l'aéroport de Nanning bourdonne comme une ruche. Trois gardiens en uniforme vert armée bavardent près de l'entrée tout en lançant de temps à autre un regard distrait à l'entour. Des dizaines de voyageurs se bousculent devant deux guichets de check in, le cou allongé, les doigts crispés sur leur billet. On entend parfois la voix suraiguë d'une employée qui s'impatiente. Un tableau noir avec des mots hâtivement tracés à la craie blanche est suspendu au-dessus des guichets. Je m'approche pour mieux voir.

« A la suite d'un problème technique, le vol SZ4328 Nanning-Chengdu a été différé à 21 h 30. Le check in commencera à 18 heures. »

Cinq heures de retard. Mauvais présage.

Devenue soudain superstitieuse, je doute. A la chinoise. Est-ce bien raisonnable ce pèlerinage solitaire sur le Yangtsé ? Cette aventure au cœur de cette vaste région condamnée à être noyée après la construction du grand barrage des Trois-Gorges ? La fatigue du voyage, l'angoisse de l'inconnu, les difficultés qui ne manqueront pas de surgir ? Est-ce bien responsable de prendre des risques quand on est mère de deux jeunes enfants ? N'y a-t-il pas derrière ce retard une signification cachée ? N'est-ce pas là un signe mystérieux de la fatalité ?...

– Pardon, dit quelqu'un.

Je m'écarte pour le laisser passer.

C'est un homme grand et maigre avec des cheveux gris. Il tire un gros sac à roulettes d'où dépasse un énorme faisceau de plumes de paon ocellées. Bleues, vertes, brunes, or. Magnifiques.

Combien d'oiseaux a-t-il fallu massacrer pour les obtenir ? je gémis entre mes dents. Je me revois alors fillette de six ou sept ans, un dimanche, accrochée pendant des heures au filet de la cage des paons, au zoo de Liuzhou, guettant le moment où leurs plumes vont frémir, se dresser, s'étaler en un éventail vivant, orgueilleux et splendide. Enfant, ai-je jamais rêvé d'avoir une robe aussi somptueuse ?

Je quitte le hall pour aller acheter une bouteille d'eau minérale dans l'unique boutique que j'ai remarquée tout à l'heure, près de l'entrée. Après avoir versé la moitié de la bouteille dans ma gorge brûlée, je me sens un peu mieux. J'ai envie de téléphoner à maman mais il n'y a pas de téléphone public. Je retourne alors dans le hall avec ma bouteille, trouve une place et m'assois.

Sol gris. Chaises bleues en plastique, flambant neuves. Les murs blancs ornés de trois affiches sales et décolorées des Jeux nationaux de 1991. L'air étouffant malgré deux climatiseurs qui ronronnent. Les portes des W.-C. claquent sans arrêt laissant échapper une forte odeur d'urine. Des haut-parleurs diffusent sans interruption les nouvelles mesures de sécurité auxquelles personne ne prête attention.

Une vieille femme somnole, ses mains osseuses posées sur un sac de voyage jaune vif, son crâne blanc pendant sur sa poitrine. Un jeune homme aux cheveux bien peignés et huilés ouvre sa valise en cuir brun, sort une brosse et un tube de cirage, puis se met à étaler soigneusement de la crème noire sur ses souliers neufs. Trois jeunes filles parlent et rient bruyamment, tout en croquant une à une des cacahouètes salées. Une fillette et son père sont en train de déguster un grand sac de litchis, les peaux des fruits qu'ils ont jetées par terre forment déjà une pyramide pourpre à leurs pieds. Avec une petite cuillère en plastique blanche, deux amoureux partagent une boîte de *soupe aux huit trésors*, faite de sucre de canne, riz gluant, haricots rouges, graines de lotus, jujubes, cacahouètes, graines de larme-de-Job, fruits de longan et flocons d'avoine – nourriture à la mode depuis quelque temps. Une jeune femme en robe noire, très élégante, est en train de bavarder dans son téléphone mobile : son langage copieusement arrosé de mots grossiers constitue un drôle de contraste avec son joli visage aux traits fins. Deux soldats sanglés dans leur uniforme tirent délicieusement sur leurs cigarettes, ignorant la toux allusive d'une femme entre trente-cinq et quarante ans qui finit par détaler. Un groupe de voyageurs passent, tenant chacun un panier rempli de mangues et, sous le bras, quatre ou cinq serpents séchés et ficelés. Chemise et cravate malgré la grande chaleur, un homme d'une cinquantaine d'années fait semblant de lire un magazine par-dessus lequel il lance de temps en temps un regard furtif à la gorge appétissante de sa voisine vêtue d'une robe à petites fleurs très décolletée.

Un long-nez, la seule personne aux traits européens dans la salle, fixe ses yeux rêveurs sur un bâton posé en travers sur deux sacs de grosse toile. Avec son front hâlé ceint d'un bandeau rouge, ses pieds nus dans des sandales de cuir noir et son bâton lustré par l'usage, on dirait un voyageur à pied. Un marcheur.

Cinq heures moins dix. Plus de quatre heures encore à attendre ! Je vide ma bouteille puis laisse tomber mes paupières.

Haut de 185 mètres (plus élevé qu'un immeuble de 70 étages), long de plus de 2 kilomètres (plus long que les Champs-Élysées), le barrage gigantesque des Trois-Gorges qu'on est en train de construire sur le Yangtsé devrait retenir un lac artificiel de 600 kilomètres de long et d'une capacité de 39,3 milliards de mètres cubes. Il devrait permettre de produire, à partir de 2009 – date de mise en service de la centrale –, 18 200 mégawatts d'électricité (10 % de la production électrique chinoise actuelle), alimentant les Chinois dans un rayon de 1 000 kilomètres. En régulant la hauteur des eaux, il serait une garantie contre les inondations dans les provinces en aval au printemps et en été, saisons des crues dues à la fonte des neiges et aux pluies de mousson, et il devrait permettre aux cargos de gros tonnage de remonter le fleuve jusqu'à Chongqing, à presque 2 500 kilomètres de son embouchure. De surcroît, il devrait assurer à 300 000 ouvriers quelque 17 années de travail sur le chantier et fournir, avec un régime fiscal privilégié – dont bénéficient depuis 1980 les zones côtières d'économie spéciale –, de belles occasions aux investisseurs multinationaux pour gagner beaucoup d'argent.

Le plus grand barrage du monde. La centrale hydroélectrique la plus puissante de notre planète.

Quelle ambition !

Quel prestige !

Mais...

En faisant monter effroyablement le niveau des eaux dans le défilé des Trois-Gorges – plus de 80 mètres à Badong qui se trouve à 64 kilomètres en amont, et plus de 10 mètres à Chongqing, à quelque 500 kilomètres plus loin –, ce mur de béton démesuré fera noyer une superficie de 632 kilomètres carrés dont 431 300 mous (environ 28 753 hectares) de champs cultivés dans la province du Hubei et celle du Sichuan, la plus peuplée de Chine. Et avec cela : seront entièrement englouties 8 villes et partiellement inondées 4 autres ; noyés 657 entreprises industrielles et minières, 140 bourgs ruraux, 4 500 villages et hameaux ; submergés plus de 800 sites historiques, cultuels et archéologiques ; déplacées plus d'un million de personnes ; défiguré sur des centaines de kilomètres le paysage le long du fleuve et de ses affluents, paysage unique qui a inspiré depuis des siècles et des siècles, à nos ancêtres comme à nos contemporains, tant de chefs-d'œuvre de poésie*

* 15 mous = 1 hectare.

et de peinture, sans parler des graves problèmes écologiques qu'un changement brutal d'une telle envergure ne tardera pas à poser, des nombreuses espèces de plantes et de poissons (dont le rarissime esturgeon chinois) qui seront affectées...*

Je secoue la tête pour écarter de ma pensée ces chiffres effrayants. J'ai pris connaissance du projet des Trois-Gorges deux ans plus tôt en feuilletant de vieux exemplaires du *Quotidien du Peuple* prêtés par une amie qui faisait des recherches à l'université de Birmingham.

Le 3 avril 1992, le projet des Trois-Gorges a été adopté à la 5e session de la 7e Assemblée populaire nationale par 1 767 voix contre 177 et 689 abstentions.

Au total, 866 membres de l'Assemblée n'ont pas donné leur assentiment à ce projet ! Leur rejet m'a paru d'autant plus courageux et significatif que, depuis la proclamation

* Les esturgeons chinois vivent dans la zone littorale de la mer de Chine orientale. En été et en automne de chaque année, ils remontent le Yangtsé jusqu'au Jinshajiang (cours supérieur du Yangtsé) pour y déposer des œufs. Puis les jeunes poissons redescendent le fleuve pour aller grandir dans la mer. Par leur longueur et leur poids, ils se placent au premier rang des plus grands esturgeons du monde (un esturgeon chinois adulte peut atteindre 4 mètres de long et peser plus de 500 kilos).

de la République populaire, l'Assemblée nationale avait toujours approuvé, et à l'unanimité, n'importe quelles propositions qui lui étaient soumises.

A partir de ce jour-là, j'ai su que je devais faire ce pèlerinage sur le Yangtsé avant qu'il ne soit trop tard...

« Attention ! Attention ! annonce soudain le haut-parleur. Les passagers du vol SZ4328 Nanning-Chengdu sont priés de se rendre au restaurant pour leur repas du soir. »

Je rouvre les yeux. Six heures pile. Autour de moi, les gens commencent à bouger. Je ramasse mon sac, sors du hall, et, suivant les autres, descends un perron, tourne à droite, passe devant le bar-karaoké*, tourne encore à droite, grimpe quelques marches, entre dans une grande salle carrée. Tables orange, chaises orange. A côté de la porte de la cuisine et au-dessus d'un petit tonneau placé sur le bar, se balancent une quinzaine de banderoles rouges verticales, de la publicité pour *Wanli*, l'une des bières les plus connues de la région. Le mur de droite est décoré d'une horloge automatique hexagonale et celui de gauche, de deux grandes peintures à l'encre chinoise bien plus intéressantes. Une très grande fenêtre percée dans le mur du fond laisse apercevoir un coin de ciel éblouissant sous une dentelle

* Karaoké : ces machines à chanter venues du Japon ont envahi les villes chinoises. Principe : le vidéo-clip d'une chanson défile avec sa bande-son sur un écran géant. A vous de remplacer l'artiste en chantant les paroles qui apparaissent en sous-titres.

verte de feuilles de lianes. Je lève la tête : deux ventilateurs couleur crème brassent l'air à grande vitesse.

Bruits de chaises tirées de sous les tables. Les gens s'installent. Je choisis un coin tranquille au-dessous de l'une des peintures. Quelques instants plus tard, deux femmes me rejoignent. Échange de sourires discrets.

La porte de la cuisine s'ouvre, plusieurs serveuses apparaissent. Jupe noire, chemise à fleurs rouges style étudiante des années 40, qui revient très en vogue cet été : col haut bordé de noir, boutons en tissu noir, manches flottantes en forme de trompette et bordées de noir également. Stylo à la main, elles font le tour des tables pour vérifier un par un les billets d'avion avant de retourner dans la cuisine. Elles réapparaissent au bout de quelques minutes, posant devant chaque client un bol de soupe aux œufs et ciboulette, et une boîte en plastique blanc : riz, poulet rôti, haricots verts.

– Mmmm... ça a l'air bon, dit l'une de mes voisines avec un accent cantonais, en tournant et retournant son morceau de poulet avec ses baguettes.

– Oui, ça doit l'être, dis-je en m'attaquant d'abord à la soupe.

– Je prends souvent l'avion et j'ai connu bien des retards, mais c'est la première fois que je me vois offrir un repas gratuit ! dit l'autre femme en portant à ses lèvres un morceau de haricot vert.

Elle a un fort accent du Sichuan, province où se situent les fameuses Trois-Gorges.

– De quelle ville êtes-vous ? lui demandé-je.

– De Chengdu.

La capitale du Sichuan.

– Vous êtes venue à Nanning en vacances ?

– Non, c'est un voyage d'affaires...

Elle travaille comme saleswoman*, pour une usine d'État à Chengdu. Elle est venue pour essayer de vendre les produits de sa compagnie – des câbles – au Bureau des communications de Nanning. Un travail d'homme ? Oui. C'est difficile de se séparer si souvent de sa famille surtout quand on est mère mais elle doit gagner son riz, non ? Elle est payée un peu plus de six cents kuais par mois, un salaire très correct si on y ajoute les allocations de voyage. Son mari gagne moins qu'elle. Ils ont un fils de onze ans. Ils paient deux cents kuais par mois à son institutrice pour qu'elle s'en occupe bien : lui donner des devoirs supplémentaires, l'aider à réviser ses leçons. Ils aimeraient que leur fils unique puisse, un jour, aller à l'université, qu'il ait un meilleur avenir et une vie plus facile que la leur... L'école, ça coûte les yeux de la tête aujourd'hui. Pour entrer dans une bonne école publique à Chengdu, primaire comme secondaire, il faut d'abord payer une somme de cinq mille à sept mille kuais outre les frais de livres, fournitures... Quant aux études supérieures, il leur faut déjà mettre des sous de côté... Le grand barrage des Trois-Gorges ? Oui, on en parle quelquefois. Ça doit être une bonne chose si ça peut produire autant d'électricité qu'on le prétend. Dans son usine parfois, on est obligé d'arrêter

* Représentante.

les machines deux ou trois jours par semaine par suite des coupures de courant régulières dues à la pénurie d'électricité. Non non, après la construction du barrage, Chengdu ne sera pas affecté, heureusement...

Après le dîner, nous regagnons le hall. La saleswoman fourre un magazine dans mes mains.

– Pour tuer le temps, dit-elle.

Vers huit heures, la radio annonce que notre vol a été annulé et qu'il nous faudra revenir demain matin.

Plus d'avion ! J'en avais eu le pressentiment dès l'annonce du retard mais me refusais bêtement à l'écouter. Comment faire ? Retourner en ville ? Abandonner cette aventure qui commence mal ? Et... qui pourrait tourner au pire ?...

Quelqu'un me secoue le bras.

– Viens vite, dit la saleswoman déjà presque une amie. On se rend tout de suite à l'hôtel de l'aéroport. Si on traîne, on risque de n'avoir plus rien.

D'un geste machinal, je ramasse mon sac et la suis vers un bâtiment à demi caché derrière un rideau de manguiers que le soleil couchant caresse d'une lumière tendre et dorée.

Les grands fleuves chinois

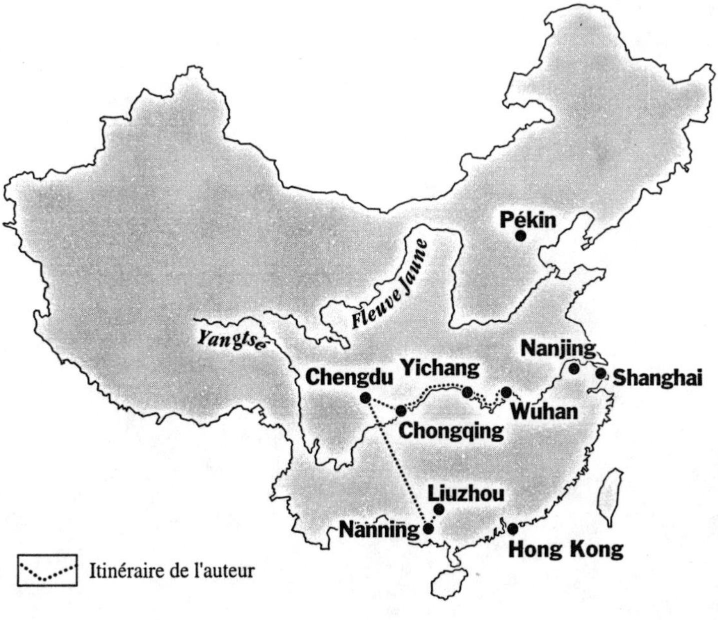

Né dans la montagne Tanglha sur le plateau Qinghai-Tibet, le Yangtsé traverse les provinces du Yunnan, Sichuan, Hubei, Hunan, Jiangxi, Anhui, Jiangsu, avant de se jeter dans la mer de Chine orientale près de Shanghai.
Sa longueur : 6 300 km (3e du monde après le Nil et l'Amazone).
Son débit moyen : de 30 000 m^3/s, peut atteindre en été 80 000 m^3/s (3e du monde après l'Amazone et le Congo).
Son aire de drainage : 1 800 000 km^2 (presque 1/5 de la superficie de la Chine).
Ses sédiments : annuellement plus d'un milliard de tonnes.
Ses affluents, grands et petits : plus de 700 au total.

CHENGDU, PARADIS DES GOURMANDS

Vers deux heures de l'après-midi, notre avion – un vieux modèle soviétique de petite taille – atterrit à l'aéroport de Chengdu avec des grincements et des secousses épouvantables. Mêlés de cris de peur et d'une forte odeur de vomi.

Lorsque nous descendons la passerelle dans les bouffées brûlantes que crachent encore les moteurs, mon amie la saleswoman me crie à l'oreille :

– Il y a, à la sortie de l'aéroport, un car pour aller en ville. Nous le prendrons, ça coûte pas cher. Une fois arrivée, tu n'as qu'à monter dans un taxi pour aller à la gare. Le tarif ne doit pas dépasser douze kuais.

Une heure plus tard, alors que nous allons nous séparer, la saleswoman renouvelle ses recommandations :

– Si jamais une affaire te ramène à Chengdu, viens loger à la maison. C'est promis, hein ? Je te ferai goûter toutes les spécialités de la région.

Avec un petit sourire, je la regarde s'éloigner chargée de

son sac de voyage et d'un panier rempli de litchis. Elle traverse la rue, monte dans un autobus, et nous échangeons un dernier adieu de la main. Comme ils vont être heureux de se retrouver en famille !

Je descends la rue pour me dégourdir un peu les jambes. Puis je prends un taxi qui me conduit à la gare vers quatre heures.

Près de l'entrée, j'achète une bouteille d'eau glacée que je bois à petites gorgées sur le seuil de la boutique en regardant passer les voyageurs qui se hâtent, le crâne fumant, les bras encombrés.

Ma bouteille vidée, je me dirige vers la salle des réservations pour acheter mon billet. Concentration humaine. Bourdonnement. Je plisse les yeux pour mieux lire les panneaux au-dessus des files d'attente interminables. Pas de chance. Tous les trains pour Chongqing sont complets aujourd'hui. Il me faudra donc trouver un hôtel afin de me reposer un peu avant de revenir faire la queue demain matin. Très très tôt.

Comme je quitte la salle, épuisée, un homme au visage bouffi m'aborde pour me demander à voix basse si je veux un billet de train. Je lui dis oui. Il me demande alors quel train je désire prendre.

– Le 95, pour Chongqing.

J'ai tout de suite compris que j'avais la chance de tomber sur ce qu'on appelle un « trafiquant de billets ». C'est-à-dire l'un de ceux qui parviennent toujours à se procurer, par on ne sait quelle voie obscure, les billets des trains les plus demandés, et qui gagnent très bien leur vie en les revendant aux voyageurs pressés deux ou trois fois plus cher que le tarif normal. Ce « commerce » est formellement interdit et sévèrement puni, bien entendu. Mais entre la faible capacité du réseau ferroviaire, principal moyen de transport longue distance du pays, et l'accroissement excessif de la demande d'une population archinombreuse, le décalage est devenu tel que, malgré les quelques rafles effectuées par la police dans les gares les plus infestées, le trafic des billets au lieu de disparaître prospère plus que jamais.

L'homme au visage bouffi me tire un peu à l'écart, sort de son sac un porte-documents en cuir noir, et après avoir lancé à gauche et à droite des regards vigilants, l'ouvre avec précaution. Mes yeux s'écarquillent : là-dedans, dans d'innombrables pochettes minuscules, sont soigneusement rangés des dizaines de billets de toutes les lignes importantes. L'homme y cherche un moment puis me dit qu'il n'a plus rien pour Chongqing, mais, si je veux bien attendre un peu, il pourra sûrement me trouver quelque chose.

– D'accord mais, lui dis-je, en articulant bien chaque mot, il me faut un billet de couchette.

Neuf heures de train dans un wagon de places assises archibondé et empesté de tabac après une nuit agitée passée à l'hôtel de l'aéroport ? Non, ce serait trop.

L'homme disparaît aussitôt derrière la porte de la salle des réservations. Au bout d'un quart d'heure, il réapparaît un sourire fier accroché à ses lèvres épaisses.

– Voilà, dit-il en fourrant son butin sous mon nez.

Je prends le billet et, méfiante, le tourne et retourne. Le train 95, Chengdu-Chongqing, wagon 5, couchette dure n° 18, milieu*. Mon « marchand » de billets doit avoir un complice derrière l'un des guichets, me dis-je.

– C'est combien ?

– Cent quarante-deux kuais.

– Mais le prix marqué ne fait que quarante-deux.

– Regardez : service dans le train vingt kuais ; taxe locale de Chengdu pour la construction et l'aménagement des chemins de fer, dix kuais ; taxe locale de Chongqing pour la construction et l'aménagement des chemins de fer, vingt kuais ; ça fait déjà cinquante kuais. Plus mon service personnel, cinquante kuais – très raisonnable, pas vrai ? – ça fait cent kuais. Si on y ajoute le prix du billet, ça fait exactement cent quarante-deux kuais au total.

J'essaie de marchander, *hacher* le prix de sa commission comme on dit.

– Croyez-vous que ce soit facile ? fait-il d'un ton fâché en reprenant brutalement le billet. Je dois payer les autres moi aussi !

Je comprends alors que c'est à prendre ou à laisser, et que je n'ai pas d'autre choix si je veux être à Chongqing demain matin.

– O.K., je le prends.

Le train quittera Chengdu à 10 h 40 ce soir. J'ai encore plusieurs heures devant moi. Je vais pouvoir faire un tour en ville.

* Dans un wagon-lit de seconde classe, les couchettes superposées sont groupées trois par trois : couchette supérieure ou d'en haut (la moins confortable et la moins chère), couchette de milieu, et couchette inférieure ou d'en bas (la plus coûteuse).

Il fait bien moins chaud ici qu'à Nanning. 25 °C au plus. Les rues sont plus larges et plus propres, bordées d'arbres au feuillage épais. Il y a beaucoup de vélos mais les motos sont rares. Cela fait qu'en traversant les rues on risque moins de se faire faucher par l'un de ces engins terribles qui dominent le pavé de Nanning. Parfois, sur le trottoir à l'angle d'une rue, je m'attarde un peu dans l'un des kiosques pour feuilleter des livres et des magazines qui s'y entassent jusqu'au plafond. Beaucoup de romans d'auteurs hongkongais et taïwanais mais rien de ce qui m'intéresse en particulier. Dans ma promenade, je rencontre souvent des femmes aux cheveux roussâtres ou blondasses. Tout secs et tout brûlés par des produits colorants de mauvaise qualité. Depuis quelque temps, la mode des crinières rousses et blondes se répand rapidement parmi les jeunes Chinoises des villes, dévastant les belles chevelures noires et soyeuses. En détruisant ainsi l'harmonie entre la couleur de leurs cheveux, leur peau et les traits de leur visage, se croient-elles plus occidentales ?

Dans une rue étroite et peu passante, je découvre un restaurant qui me paraît propre et sympathique. Tables et chaises en bois, plantes vertes dans de gros pots en terre cuite, peintures traditionnelles, vieux tabourets en porcelaine décorés de personnages des temps anciens, porte ronde de la cuisine en bois sculpté. Un charme.

Il y a trois menus, à huit kuais, à dix kuais et à douze kuais. Je paie douze kuais au comptoir. A me demander ce que j'aurai à me mettre sous la dent. Avec une inflation de plus de 30 % par an, à Nanning, pour une personne, un dîner rapide au restaurant coûte actuellement au moins vingt-cinq kuais et à Canton, m'affirmait mon amie la saleswoman, bien plus cher.

Je choisis une place qui me permet de plonger mon regard curieux dans le coin secret où, enveloppé d'une fumée légère, vêtu d'un chapeau et d'une longue blouse blancs, un homme s'affaire entre trois poêles en fer immenses, un seau en bois géant, des marmites, des louches au long manche de bois, d'énormes paniers en bambou ronds, des piles de petits bols à fleurs bleues sur fond blanc et d'étuves en aluminium destinées à cuire des brioches à la vapeur. Cette image qui me rappelle mon père dans sa minuscule cuisine humecte soudain mes yeux.

Le garçon, souriant, vient disposer sur ma table une dizaine de petits bols et assiettes : nouilles très fines de farine de blé, boulettes de riz farcies, sojas frits et tofu en petits dés macérés dans une sauce salée et très pimentée, raviolis cuits à la vapeur, viande de bœuf en tranches, concombre en petits cubes, crêpes en demi-lune, brioches farcies à la vapeur, boulettes de porc enrobées de graines de riz gluant transparentes... Tout ça pour douze kuais ! C'est à ne pas croire ! Et les odeurs ! Mmmm... je ne sais plus par quoi commencer !

Au bout d'une heure, je quitte le restaurant, la langue enflammée par le piment rouge et le poivre du Sichuan, tout en regrettant de ne pouvoir rester plus longtemps à Chengdu. Un vrai paradis pour les gourmands et les aventuriers de la cuisine exotique qui n'ont pas le portefeuille particulièrement gonflé.

Afin de ne pas m'ennuyer dans une salle d'attente toujours remplie de monde et de bagages, et aussi pour mieux digérer tout ce dont je me suis gavée, je me balade à travers la ville, regardant les fenêtres qui commencent à s'allumer, frôlant des amoureux qui se promènent dans l'ombre la main dans la main, saisissant au vol des lambeaux de conversations entre amis et familles accumulés sur les terrasses des maisons de thé, rêvant, et me demandant si mes deux trésors sont déjà au lit et s'ils m'ont réclamée aujourd'hui, si maman travaille encore dans sa boutique, si papa est en train de regarder la télé, si grand-mère déchiffre des journaux dans son lit à l'aide de sa grosse loupe ébréchée...

Sur le trottoir d'une petite rue, mes yeux croisent ceux d'une femme en tailleur vert forêt. Je m'arrête net. Elle s'arrête aussi. Nous nous regardons un instant et nous crions en même temps :

– Mais ce n'est pas toi, Wei-Wei !

– Mais ce n'est pas toi, Li-Li !

Li-Li fut ma meilleure camarade pendant les deux dernières années de lycée. A la suite d'un changement de travail de mon père, ma famille avait déménagé de Guilin à Liuzhou. J'étais de nature timide, et ma timidité que les autres interprétaient paradoxalement comme un signe d'orgueil ne m'aidait pas à me faire de nouveaux amis. Li-Li habitait alors à une centaine de mètres de chez moi, elle me proposa un jour à la sortie de l'école de rentrer ensemble. Sensible à ce geste, je pris l'habitude de l'attendre aussi le matin pour me rendre à l'école. Et cette nouvelle amitié a grandi de jour en jour, surtout après que nous eûmes découvert que nous partagions un goût dangereux pour les romans qualifiés de pervers par les gardes rouges. Le père de Li-Li étant journaliste, elle arrivait à se procurer des bouquins introuvables dans les librairies ou sur les rayons des bibliothèques publiques et elle n'oubliait jamais de m'inviter aux festins. Pour lire en classe – surtout pendant les cours ennuyeux de politique où le professeur récitait le manuel d'une voix semblable à la pointe d'un couteau qui gratte le fond d'une marmite –, nous étions devenues complices. Quand elle savourait une page particulièrement juteuse, je faisais le guet et l'avertissais par un petit coup de pied sous la table si je flairais un danger imminent dans le regard du professeur. Lorsqu'à mon tour je dévorais les fruits défendus, c'était elle qui me couvrait. Et nous collaborâmes si bien que jamais nous n'avons été saisies en flagrant délit. Puis nous avons quitté l'école et nous avons été envoyées toutes les deux à la campagne dans deux villages éloignés d'une dizaine de kilomètres. Je l'ai revue deux ou trois fois quelques années plus tard, avant que nous ne nous soyons séparées de nouveau, elle partit pour faire ses études de pharmacie à Nanning, moi pour poursuivre mes études de français à Pékin. Depuis lors, une douzaine d'années se sont écoulées... Je n'aurais jamais imaginé que je puisse la rencontrer ici, à Chengdu. Sa surprise paraît aussi grande que la mienne. Si nous nous sommes reconnues presque tout de suite, c'est parce que nos visages n'ont guère changé bien qu'avec l'âge les traits commencent à s'alourdir et à s'épaissir.

– Comme le monde est petit, sourit-elle lorsque nous nous asseyons à une table sur la terrasse d'une maison de thé. Qu'est-ce que t'as fait pendant toutes ces années ?

En quelques phrases hâtives, je lui trace le chemin que j'ai parcouru : études, mariage, enseignement, recherches, installation à l'étranger, enfants, et puis ce voyage...

– Et toi, comment es-tu venue à Chengdu ? Je suis impatiente de connaître son parcours.

Peu après ses études de pharmacie, les parents de Li-Li ont changé de travail. Ils sont revenus à Chengdu, leur ville natale. Le petit frère de Li-Li et elle les ont accompagnés. Li-Li a trouvé un poste dans un hôpital où elle exerce toujours. Elle s'est mariée tard, à l'âge de trente-deux ans. Son mari travaille dans le secteur public. L'année suivant son mariage, elle a donné le jour à un petit garçon. Elle s'est retrouvée enceinte trois ans plus tard mais elle a été obligée de... Leur bébé aurait été du même âge que mon second fils.

Un silence pénible s'abat entre nous. J'ai eu plus de chance qu'elle : la chance d'avoir autant d'enfants que je le souhaitais. Pour changer de sujet de conversation, je lui demande :

– Te souviens-tu de notre professeur de physique ? Celui qui n'aimait pas les filles.

– Oui, surtout de ses paroles qu'il nous répétait souvent en classe...

– « Vous les filles vous êtes plus habiles en cuisine et en

couture que les garçons en général, mais n'oubliez pas ceci : les plus grands maîtres dans ces domaines comme dans tous les autres sont toujours les hommes ! »

Haaa... nous rions ensemble.

– As-tu revu Miao-Lin ? demande Li-Li.

– Oui, elle enseigne à l'école normale supérieure à Guilin. Elle s'est mariée. Son mari travaille dans les médias. Ils n'ont pas encore d'enfant. J'ai aussi rencontré Lao-Shan. Te souviens-tu de lui ?... Il est sorti de prison après y avoir passé sept années. Mais sa fiancée l'avait quitté. Elle est partie avec un autre pour le Japon. Lao-Shan a gagné pas mal d'argent ces deux dernières années dans le trafic des motos. Il a acheté une voiture, s'est marié, et vient d'avoir une petite fille.

– Et Xiao-Bing ?

– Non, je ne l'ai pas revue. Il paraît qu'elle a été promue au poste de secrétaire du Parti communiste du Bureau de la culture.

– Ça ne m'étonne pas, elle avait toujours un flair d'animal politique.

Li-Li prend la théière, remplit ma tasse puis la sienne.

– Quel dommage que tu doives repartir si vite ! soupire-t-elle. J'aurais aimé t'entendre raconter ta vie à l'étranger. C'est vraiment une chance de pouvoir franchir la frontière et découvrir un peu le monde extérieur... Donne-moi ton adresse, je t'enverrai une photo de mon fils, nous venons de fêter son cinquième anniversaire... Comme le temps passe vite ! La dernière fois que tu es venue me voir chez mes parents, tu te rappelles ? nous étions toutes les deux de jeunes filles de vingt ans. Je souhaite toujours que mon enfant grandisse rapidement mais que, moi-même, je vieillisse moins vite...

– J'ai suivi le trajet que nous avions fait tant de fois ensemble mais les rues ont tellement changé que je ne les reconnais plus.

– Ici aussi, ça change très vite. C'est vertigineux. Tiens, j'ai une cousine qui travaille à Chongqing, elle pourra peut-être t'aider si jamais tu as un problème là-bas... Voilà son nom et son adresse. Je lui passerai un coup de fil dès demain matin pour la prévenir.

Pendant que je glisse le bout de papier entre les pages de mon carnet, Li-Li ajoute encore :

– Dis aux autres que tu es sa cousine quand tu iras la voir, ça facilitera les choses.

Comme je lui demande si ses parents vont bien,

– Oui oui, ils vont bien, dit-elle. Ils sont à la retraite maintenant. Je viens de sortir de chez eux. Tiens, ils habitent tout près d'ici, pourquoi ne pas passer leur dire bonjour ? Ils seront ravis.

Il me reste encore une heure avant le départ du train, je peux me permettre ce bonheur inattendu.

Je ne reviens à la gare que cinq minutes avant le départ du train, encore tout émue par les retrouvailles avec Li-Li et ses parents.

Voilà le wagon 5. Je me précipite vers la porte devant laquelle une employée vérifie le billet de chaque passager.

Je lui tends le mien. Sans un mot, elle le prend, l'examine, le range, puis me donne un ticket d'embarquement. Elle me rendra mon billet contre ce ticket à l'arrivée de Chongqing.

Le wagon est plein de voyageurs. L'air y est étouffant malgré de petits ventilateurs qui tournent au plafond. Onze, douze, treize, quatorze... le train commence à s'ébranler... quinze, seize, dix-sept, dix-huit ! Me voilà enfin arrivée, essoufflée mais bien contente. La couchette d'en bas est occupée, mais sur la couchette de milieu, la mienne, il y a déjà quelqu'un ! Incrédule, je promène plusieurs fois mon regard entre mon ticket d'embarquement et la plaque numérotée fixée à côté de la couchette. Non, je ne me suis pas trompée, c'est bien là ma place.

– Pardon, dis-je.

L'homme allongé sur ma couchette lève la tête.

– Qu'est-ce que c'est ?

Il a un visage anguleux. Grands yeux un peu enfoncés dans leurs orbites. Joues creuses. Lèvres en lame de rasoir. Quelques rides au front moite. Je ne lui donne pas plus de quarante-cinq ans.

– Je crois que vous vous êtes trompé de place, lui dis-je poliment.

Il se dresse.

– C'est impossible, assure-t-il en fronçant ses sourcils.

Je lui montre mon ticket et insiste :

– C'est ici ma place.

Il regarde mon ticket d'un œil méfiant, puis sort le sien.

J'y jette un regard rapide, c'est écrit « couchette dure n° 18, haut ».

– Votre place est là, lui dis-je en pointant la couchette d'en haut.

– Incroyable ! crie l'homme avec colère. Comment est-ce possible qu'on m'ait acheté une couchette supérieure !

– Mais sur votre ticket, lui dis-je avec patience, c'est bien écrit « haut ».

Le passager de la couchette d'en bas, un homme d'une soixantaine d'années, se lève avec un sourire de grand-père.

– Laissez-moi regarder, intervient-il.

L'homme au sourire de grand-père examine d'abord nos tickets avec beaucoup d'attention puis déclare que c'est moi qui ai raison. Mais l'homme au visage anguleux refuse de décamper.

– J'ai demandé qu'on m'achète une couchette inférieure ou de milieu, répète-t-il. Comment pourrai-je dormir sur une couchette supérieure par une telle chaleur ? !

Je n'ai pu réprimer un rire. Étudiante, j'avais effectué je ne sais combien de voyages en train entre mon université et la maison de mes parents – à plus de mille kilomètres l'une de l'autre –, et j'ai rencontré des voyageurs de tout genre... mais jamais une espèce pareille !

Mon rire doit l'avoir vexé, car l'homme au visage anguleux m'a lancé plusieurs regards assassins.

S'aérant avec son éventail en papier, l'homme au sourire de grand-père l'interroge :

– Qui est-ce qui a acheté le billet pour vous ?

– Bah, quelqu'un de mon unité de travail, répond-il.

– Alors, ce n'est donc pas la faute de cette femme, non ? demande encore l'homme au sourire de grand-père.

– Mais ce n'est pas ma faute non plus, réplique l'autre.

– Alors, dit l'homme au sourire de grand-père d'une voix calme, il faudra qu'on avertisse l'agent de sécurité...

– Oui, approuvent en chœur les autres passagers qui nous écoutent d'un air amusé.

L'homme au visage anguleux saute promptement de la couchette de milieu comme s'il s'y était brûlé les fesses.

– Bon, bon, je vous cède la place, admet-il d'un ton méprisant – un homme respectable ne se dispute jamais avec une femme comme le dit l'un de nos proverbes –, mais ce piano électrique, je ne pourrai pas le monter là-haut.

C'est à cet instant que j'aperçois un carton de plus d'un mètre de long posé sur la couchette contre la paroi.

– Eh bien, lui dis-je en refoulant difficilement un fou rire qui chatouille mon gosier, vous pouvez le laisser là votre instrument précieux si vous le souhaitez, seulement, si jamais il est volé ou abîmé, je ne pourrai pas en être tenue pour responsable.

Tout le monde de rire autour de nous.

L'homme au visage anguleux pousse un juron, et d'un geste brutal, attrape le carton, le jette sur la couchette d'en haut, et grimpe.

J'échange un sourire complice avec l'homme au sourire de grand-père, ouvre mon sac, en retire mon gobelet, prends un thermos sous la tablette, et me verse un peu d'eau avant de remiser le thermos et de m'asseoir sur le petit banc derrière la fenêtre pour attendre que l'eau refroidisse. Je me sens soudain très fatiguée.

– Où allez-vous ? s'enquiert l'homme au sourire de grand-père.

Il a un visage large et ouvert, animé de petits yeux vifs.

– Je vais voir les Trois-Gorges. Et vous ?

– Je rentre à la maison.

– Ah, vous êtes de Chongqing alors ?

– Oui, depuis l'arrière-grand-père de mon arrière-grand-père.

Il a vraiment un très beau sourire. Comme le soleil.

– Vous connaissez très bien la ville sans doute ?

– Comme ma poche. Sans exagérer. Combien de temps comptez-vous rester à Chongqing ?

– Un jour ou deux. Puis je prendrai le bateau pour descendre le Yangtsé.

– Pour le bateau, vous irez à Chao-Tian-Men, *la Porte-vers-le-Ciel.* De là, il y a toujours un bateau prêt à partir. Vous n'avez jamais fait de voyage en bateau sur le fleuve ?... Eh bien, vous verrez que c'est bien plus agréable que le train. Moins chaud et plus d'espace... Mais non, pas de grande vague comme sur la mer, donc, pas de mal au cœur.

Je prends le gobelet, sirote mon eau tiédie.

– A propos, connaissez-vous des librairies où je pourrais trouver des bouquins sur les mœurs, la vie quotidienne, les légendes de la région ?

– Ah ça, vous avez frappé à la bonne porte ! Pendant trente-huit ans jusqu'à l'année dernière où j'ai pris ma retraite, j'ai vu passer dans mes mains des tonnes de livres.

Un vieux rat de librairie, vous pouvez le dire. Vous avez une carte de Chongqing ?... Laissez-moi prendre mes lunettes d'abord... Voilà. C'est là la librairie la plus grande de la ville mais, pour les livres sur les mœurs et l'histoire de la région, il vaudrait peut-être mieux visiter la librairie des archives culturelles et historiques... C'est ici, dans la rue Cangbai, près du téléphérique Jialing.

– Il y a pas mal de livres dont on a parlé dans les journaux mais qu'on ne trouve pas dans les librairies...

– Cela est vrai. Car, dans notre système, les maisons d'édition ne s'occupent pas du tout du marché. C'est nous les librairies qui leur achetons les livres publiés que nous revendons aux lecteurs. Nous ne pouvons leur rendre les volumes invendus ni leur réclamer aucune compensation. Avant, l'État prenait les profits et couvrait les pertes s'il y en avait. Mais depuis la réforme économique et l'adoption des lois du marché, nous devons nous débrouiller seuls. Alors, une sélection sévère est inévitable, et nous n'achetons plus que les livres qui nous semblent profitables. Cela devient vite un cercle vicieux puisque sans acheteurs les maisons d'édition n'osent plus publier certains ouvrages de grand intérêt mais qui n'auront qu'un marché assez limité. Comment dénouer cette crise ?... A mon avis, il faudrait lancer une réforme radicale qui modifie les rapports actuels entre ceux qui publient et ceux qui vendent, mais ce n'est pas le travail d'un jour... Enfin. Quelles sont les spécialités de Chongqing que vous pourriez rapporter pour vos parents ?... Eh bien, je vous conseille *malaniurougan*, viande de bœuf coupée en filaments très fins, comme des tronçons de baguettes, et cuits dans une sauce relevée de piment et de poivre du Sichuan. Génial, accompagné d'un verre d'alcool de riz. Mais il vaudrait mieux en acheter aux restaurants – c'est bien plus frais –, plutôt qu'en acheter dans de petits sacs plastique au marché ou dans les boutiques... Oui oui, ça se garde très bien. Deux ou trois semaines en été sans problème, bien plus longtemps en hiver ou dans le frigo. Pour dormir ?... Vous avez ici l'Hôtel de Chongqing qui se trouve pas loin du port. Avec cinquante kuais, vous pourrez avoir une chambre passable, c'est-à-dire un lit dans une chambre à trois lits sans climatiseur. Les lieux à visiter ?... Voilà, près du mont Gele, *Mont-de-Chansons-et-de-Joie*, se trouvent les fameux Baigongguan et Zhazidong, deux anciennes prisons où fut exécuté un grand nombre de communistes par les nationalistes dans les années 40... Non ? ça ne vous intéresse pas ?... Alors, il y a de jolis parcs. Il y a aussi les grottes de Dazu où vous pourrez découvrir les plus belles statues de bouddhas des dynasties Tang et Song... Il est vrai que c'est un peu loin, environ six heures d'autocar aller et retour, mais ça vaut vraiment la peine vous pouvez me croire... Quoi ? Le grand barrage des Trois-Gorges ?... Quel désastre ! A ma ville, il ne pourra faire que du mal. Le réservoir colossal va ralentir énormément le rythme d'écoulement du Yangtsé qui est pourtant indispensable pour évacuer les déchets industriels et domestiques de quelques dizaines de villes situées en amont. Si rien n'est fait pour le traitement, Chongqing sera un port mort, englué dans la boue puante. Ils disent que les travaux dureront dix-sept années. Je serai donc trop vieux pour assister à la dégradation de Chongqing, mais mes enfants et mes petits-enfants ?...

Il s'interrompt avec cet air de « n'en parlons plus ». Ses yeux, si gais encore il y a une minute, se sont assombris. Il pousse un long soupir, replie son éventail qu'il pose à côté de son oreiller, enlève ses chaussures et les range sous sa couchette.

– Il est presque minuit, nous ferions mieux de nous coucher. Bonne nuit.

Il y a très très longtemps, raconte la mythologie chinoise, un déluge sans précédent ravagea toute la Chine centrale. Les eaux galopaient à travers les plaines et les vallées comme des troupeaux affolés, balayant les maisons, dévorant les récoltes, arrachant les arbres, emportant les bêtes et les hommes... Les cris de terreur et les pleurs déchirants s'élevèrent jusqu'au firmament mais Dieu du Ciel s'en moqua. Seul Gun, son petit-fils, ne put pas y rester indifférent. Il envoya d'abord son petit oiseau troglodyte très malin pour trouver la cachette du *xirang*, un morceau de terre jaune magique que Dieu du Ciel gardait jalousement, puis il ordonna à sa grande tortue très forte d'aller voler ce trésor qui pesait étonnamment lourd. Une fois la terre magique dans les mains, Gun descendit du ciel, la posa en plein milieu des eaux sales et dit : « Accrois-toi. » A ces mots, le *xirang* s'élargit, s'épaissit, s'étendit, chassant le déluge devant lui. Sauvés, les survivants redescendirent des montagnes où ils s'étaient réfugiés, rebâtirent leurs maisons, semèrent à nouveau des graines dans les champs et l'espoir dans leur cœur...

La nouvelle ne tarda pas à parvenir à Dieu du Ciel. Pour punir Gun de son audace et de sa compassion pour les hommes, Dieu du Ciel le fit assassiner au pied de la montagne Yu, puis ordonna de retirer le morceau de terre magique. Aussitôt, le déluge revint en fureur, détruisant les nouveaux villages, repoussant les hommes sur les montagnes.

Aux hurlements des victimes, la poitrine de Gun se fendit, et son cœur devint un gros bébé.

Le bébé grandit à vue d'œil, en un jeune homme fort et intelligent. On l'appela Da-Yu. Déterminé à délivrer le pays du monstre déluge, Da-Yu parcourut à pied toutes les régions sinistrées. Puis, à la tête de milliers et de milliers de volontaires, il travailla jour et nuit, creusant des canaux, construisant des digues, draguant les rivières et les fleuves. Au bout de treize années de ténacité, il réussit à conduire les eaux à la mer. La terre réapparaissait, les champs labourés et bien soignés redonnaient de quoi manger, les familles s'agrandissaient, les villages se multipliaient...

Sauf dans le bassin Rouge du Sichuan, à l'ouest du pays. Bouchée à l'ouest par les plateaux du Qinghai-Tibet, au nord par les montagnes de Qingling, au sud par le plateau du Yunnan-Guizhou, et à l'est par la montagne de Wushan, les crues ne trouvaient pas de sortie.

Da-Yu arriva dans la région. Il y travailla pendant huit années, sans parvenir pourtant à ouvrir un passage à travers la montagne de Wushan pour évacuer les eaux. Touché par son opiniâtreté, Dieu Tu-Xing descendit du ciel, se transforma en un immense bœuf jaune, fendit les rochers, creusa un couloir de quatre cents lis* par lequel les eaux du bassin purent enfin s'échapper.

Ce long corridor de rochers que traverse aujourd'hui le Yangtsé pour aller se jeter dans la mer, ce sont les Trois-Gorges.

* 200 kilomètres.

CHONGQING, LA VILLE SANS VÉLOS

Vers 7 heures, je suis réveillée par la femme contrôleur du wagon qui fait le tour des couchettes pour ramasser la literie.

Je ne me sens pas très bien. J'ai la tête qui tourne et mon corps est envahi de petits boutons rouges qui me grattent terriblement. Je m'enferme pendant une demi-heure dans les toilettes pour examiner ces étranges boutons qui se concentrent surtout sur la face discrète des bras et des cuisses, et qui se répandent autour de la taille comme une large ceinture brûlante.

Une fois arrivée, il me faudra trouver une pharmacie le plus vite possible, me dis-je, si je ne veux pas me voir couverte d'affreuses pustules comme un crapaud.

Le train entre lentement dans la gare de Chongqing à 7 h 50. Avant même que le train ne s'arrête complètement, des voyageurs se bousculent derrière les portières les bras encombrés de bagages. Comme d'habitude, j'attends que le wagon soit désert pour quitter mon siège.

La sortie de la gare est bouchée par une foule d'hommes

au visage cuivré, tous vêtus de la même façon – maillot rouge, chemise bleu marine à manches courtes, pantalon gris pâle – et armés chacun d'un long bâton de bambou.

Ce sont des *bangbangjun*, fameuse armée de journaliers. Ces braves paysans qui n'ont pas assez de terre pour faire vivre une famille ou qui veulent, simplement, « mieux manger », sont venus de tous les coins de la province. On en compte, dit-on, au moins deux cent mille dans les rues de Chongqing. Ils traînent sur le pavé, s'agglutinent autour des grands magasins ou devant les gares et les ports, cherchant à louer leurs bras pour les transports de courte distance ou sur les grands chantiers de construction. Ils ont en général moins de trente-cinq ans, le plus souvent illettrés, mais extrêmement durs aux gros travaux. Pour toute nourriture, ils se contentent d'un petit pain à la vapeur accompagné d'un gobelet d'eau froide, le matin, et d'un grand bol de riz copieusement arrosé de la sauce au piment et poivre du Sichuan, le midi et le soir. La nuit, ils dorment à sept ou huit entassés dans une cabane de six mètres carrés pour un loyer mensuel de quarante kuais par tête. Leur présence est regardée plutôt d'un bon œil par la police : ils ne volent ni ne cambriolent et leurs services rendent plus facile la vie quotidienne des habitants. Il suffit, par exemple, à un citadin qui vient d'acheter une télévision, une machine à laver ou un réfrigérateur, de se planter au seuil de la boutique et de lancer : « Bangbang ! » *(bâton de bambou)*, pour qu'un journalier se présente et porte la lourde marchandise sur son dos jusqu'à l'adresse indiquée pour moins de dix kuais. Sont-ils malheureux ? Non, loin de là. Ils ont été conduits dans la ville chacun par un rêve, un objectif bien précis qu'ils se savent capables de réaliser au bout de trois ou cinq ans, à la sueur de leur front : retourner dans leurs villages avec assez d'argent pour acheter un tracteur, bâtir une nouvelle maison où leur fils pourra prendre une femme, ou fonder une petite entreprise familiale...

– Voulez-vous que je porte votre bagage là-haut ? me demande un bangbang avec empressement.

– Votre sac a l'air très lourd, vous ne voulez pas que je le porte pour vous ? me propose un autre, un large sourire aux lèvres.

J'aurais aimé dire oui mais je fais non de la tête. Par habitude. Une vieille habitude forgée par ma première éducation : fais toujours toi-même ce que tu peux faire par toi-même.

Un policier se promène entre divers groupes de bangbangs.

– Où se trouve l'arrêt d'autobus s'il vous plaît ? me renseigné-je auprès de lui.

– Là-haut, répond-il en désignant un grand escalier.

Je traverse la place, gravis les marches raides, et à bout de souffle, arrive à la rue Nanqu.

Là, près du trottoir, attend un autobus déjà plein à craquer. La receveuse, une femme d'une quarantaine d'années, crie de toute sa force du haut de son marchepied : « Pour aller à la Porte-vers-le-Ciel ! Dépêchez-vous ! » En me voyant hésiter, elle m'apostrophe de sa grosse voix :

« Mais qu'est-ce que vous attendez encore ! Montez vite ! On part. »

Elle s'écarte un peu pour me laisser passer puis me pousse sans façon à l'intérieur pour fermer la porte. « Vas-y ! » lance-t-elle au chauffeur, le dos appuyé à la portière.

Bruyamment, l'autobus secoue ses reins. Il roule avec la lenteur de la tortue dans la rue Nanqu, étroite et bordée de petites boutiques qui se serrent comme des amoureux. Le ciel est gris, la chaleur lourde et humide. Mon T-shirt, déjà trempé, me colle à l'échine.

Coups de klaxon impatients. Grincements de freins. L'embouteillage obstrue la rue complètement.

L'autobus s'arrête, redémarre, pour s'arrêter à nouveau, au bout de quelques mètres...

A travers la vitre poussiéreuse, je suis longuement du regard une jeune maman qui marche sur le trottoir, une fillette de deux ou trois ans dans ses bras : l'autobus n'avance pas plus vite qu'elles.

La chaleur dans le véhicule asthmatique devient de plus en plus insupportable. L'air empesté de gaz d'échappement et de je ne sais quoi d'autre m'irrite la gorge, le nez et les poumons, tandis que les secousses aux arrêts et aux démarrages incessants me donnent des haut-le-cœur. Finalement, n'en pouvant plus, je me tourne vers la receveuse lorsque l'autobus stoppe de nouveau :

– Pourriez-vous ouvrir la porte s'il vous plaît ? Je veux descendre.

– Ce n'est pas possible, répond-elle d'un ton froid.

– J'ai envie de vomir...

Sur le mot « vomir », elle ouvre promptement, de crainte que je n'envoie tout mon petit déjeuner sur sa jolie robe blanche à pois violets.

Les pieds sur la terre, j'inspire profondément. Mais l'air est aussi irrespirable à l'extérieur qu'à l'intérieur du véhicule. Dans ma hâte à fuir cette rue où j'étouffe, alors que je me faufile entre les voitures, je me fais vertement invectiver par plusieurs conducteurs. Il y a une ruelle qui monte. Je m'y jette sans hésitation.

Chongqing est une immense ville de montagne riche de quatorze millions d'âmes* et d'une histoire vieille de plus de trois mille ans. Capitale de l'ancien royaume Ba, elle a reçu successivement les noms de Bajun, Jiangzhou, Yuzhou, Gongzhou, avant d'être nommée Chongqing (*Double Célébration*), en 1189, par l'empereur Zhao Dun de la dynastie Song du Sud, qui commença là sa carrière impériale comme prince.

Située au confluent de deux grands cours d'eau, le Jialing** et le Yangtsé, au sud-est du bassin Rouge, Chongqing est la mégapole industrielle de la province (métallurgie, charbon, fabrication de machines, chimie, textile, électronique, appareils de mesure, médicaments, motos, automobiles, construction navale, équipements militaires, etc.).

Doux en hiver, très chaud et très humide en été, son

* Selon le recensement effectué en 1990.

** Le Jialing est l'un des affluents les plus importants du Yangtsé.

climat l'a fait connaître comme l'un des quatre « fours » de la Chine (la température à Chongqing peut s'élever jusqu'à 43 °C en été), et surnommer « la capitale du brouillard » (85 jours de brouillard par an en moyenne). Une expression vieille de vingt siècles dit qu'« un chien sichuanais aboie au soleil », car le soleil apparaît rarement au-dessus de Chongqing, et, quand il surgit, il ne montre son visage blafard que voilé de nuages comme un voleur.

Le ciel demeure gris. D'un gris uniforme. La chaleur pèse. Les rues sont étroites, presque toujours en pente, enserrées entre des magasins, des maisons d'habitation, des bazars de toutes sortes. Chongqing, ville sans vélos.

– Pardon, Grand-père, est-ce qu'il y a une pharmacie près d'ici ? je m'enquiers auprès d'un vieux marchand ambulant à qui j'ai acheté une bouteille d'eau minérale.

– Pharmacie ?... dit-il en rangeant son argent dans un petit sac en toile. Il y en a une, mais ce n'est pas tout près. Vous continuez tout droit, puis vous prenez la deuxième rue à gauche. Vous allez jusqu'au bout et vous tombez sur une avenue traversière. Vous tournez à droite, vous continuez quelques minutes, et la pharmacie, vous devrez la voir sur votre gauche.

Je le remercie et, suivant ses indications, je m'engage dans une ruelle ombragée. Étonnante. Des tables rondes ou carrées sont dressées en plein air sur le pavé, entourées de chaises basses et de tabourets. Les voitures n'y passent pas. Les motos non plus. Assis ou debout autour des tables, des gens discutent à mi-voix penchés sur des boîtes en bois dans lesquelles sont exposés des bijoux en or, en agate rouge orangé, ou en jade d'un vert plus ou moins foncé, à l'éclat laiteux. Bagues, bracelets, boucles d'oreilles, colliers, porte-bonheur à l'image de Bouddha, pendentifs en forme de petit cœur avec les douze animaux de l'année astrologique ou les éternels idéogrammes *bonheur* et *longévité.* Certains viennent pour acheter, d'autres pour vendre, d'autres encore pour donner à réparer ou, tout simplement, pour repaître leurs yeux. Je n'ai jamais vu un marché aux bijoux aussi pittoresque. Un décor de cinéma on dirait. Je brûle d'envie de prendre quelques photos, mais la voix basse des gens et leur air grave imposent la discrétion, et je me glisse entre les tables sans avoir osé sortir mon appareil.

La pharmacie dont m'a parlé le vieux marchand ambulant n'est pas grande, mais on y trouve à la fois de petits tiroirs remplis d'herbes médicinales séchées et découpées, et des étals chargés de boîtes de médicaments dits occidentaux. Comme dans toutes les boutiques pharmaceutiques en Chine, la prescription du médecin n'est pas exigée, même pour acquérir des antibiotiques. A une vendeuse très aimable j'achète un tube de crème anallergique et un tube de crème à base de tétracycline, car plusieurs boutons sur mes bras se mettent à couler et je crains une infection.

En sortant de la pharmacie, je commence à chercher un coin discret pour me soigner. Impossible ! Partout où je vais, partout où je pose mon regard, il y a toujours foule. On m'a dit que Chongqing est l'une des places les plus surpeuplées de la Chine, plus de cinq mille trois cents habitants entassés sur un kilomètre carré au centre-ville. J'étais quelque peu sceptique, mais après avoir arpenté longuement ses trottoirs, ce chiffre ne me paraît plus si inconcevable.

Dans le quartier le plus animé de Chongqing, près du monument de la Libération du Peuple, devant les boutiques, les restaurants et les théâtres, s'accumule une foule de camelots qui encombrent la totalité des trottoirs par leurs marchandises de quatre sous déballées à même le sol. Quelques camelots me poursuivent même jusqu'au perron d'un grand magasin avec leurs buffles en caoutchouc synthétique en me jurant que ce sont de beaux objets d'art sculptés dans des cornes de taureaux. Au début, je me contente de m'en moquer gentiment, puis, agacée, je leur dis que s'ils me les donnent à un fen chacun, je les achèterai tous. Un fen ? ! Sur le coup, ils s'immobilisent et me regardent comme un phénomène. Moi de rire et de pénétrer dans le magasin.

Je passe les rayons de vêtements et de chaussures, m'attarde devant les vitrines garnies de jouets. Je veux rapporter à mes deux garçons quelque chose d'original mais de pas trop encombrant, que je puisse fourrer dans mon sac.

– Comment les trouvez-vous ?

Le vendeur a sorti deux petites voitures, une verte en forme de crocodile, une grise qui figure un rhinocéros. Toutes les deux étranges et solides. Juste ce qu'il faut pour mon duo. En rangeant mes achats dans mon sac, j'entends déjà leurs exclamations de surprise et de joie.

Plus tard, comme je m'arrête à un carrefour, j'aperçois une boutique assez grande où on vend des produits électroniques. Me rappelant soudain la recommandation de Li-Li, j'ouvre mon carnet, et quel hasard ! je suis tombée à la bonne adresse.

Je traverse la rue, pénètre dans la boutique et attends qu'un vendeur en ait terminé avec ses clients pour lui demander si je pourrais voir ma cousine. Très gentil, il me fait entrer dans l'arrière-boutique et me montre le bureau de la cousine de Li-Li.

– Votre cousine est sortie pour l'instant, mais vous pouvez l'attendre ici, dit-il en me quittant.

La porte est grande ouverte, on y voit un bureau verni brun surmonté d'un thermos bleu et d'un téléphone crème, une armoire fermée avec un gros cadenas, deux chaises et un banc.

Qu'est-ce qu'elle va dire en me trouvant assise dans son bureau si jamais Li-Li n'a pas trouvé le temps de lui téléphoner ? me demandé-je en posant mon sac au pied du banc. Au moment où je m'assois, je découvre ce que je recherchais : en face du bureau, de l'autre côté du couloir, les toilettes ! Sans perdre une minute, je ramasse mon sac et je cours m'y enfermer.

Je me lave le visage à l'eau froide, et après avoir laissé les flots couler sur mes bras, je les sèche doucement avec une serviette, puis étale avec soin la crème anallergique sur les boutons qui viennent d'apparaître, et la tétracycline sur ceux qui ont déjà crevé. L'opération terminée, je me sens beaucoup mieux, et je ressors, rafraîchie.

Une femme élégante est en train de téléphoner dans le bureau. Elle porte un tailleur bleu marine à rayures blanches. Elle me fait un petit signe de tête.

– Vous êtes venue de Chengdu ? me demande-t-elle avec un petit sourire en raccrochant l'écouteur.

– Oui. Je m'appelle Wei-Wei.

Elle a un beau visage ovale. De grands yeux noirs, très expressifs.

– Je l'ai deviné. Li-Li m'a appelée ce matin.

Elle jette un coup d'œil sur sa montre, puis me demande :

– Vous n'avez pas encore déjeuné ?... Moi non plus. Si on allait manger ensemble dans un restaurant juste à côté ?

– D'accord.

Elle m'emmène dans le minuscule restaurant familial du coin qui n'a que deux tables. Le patron, un homme dans la cinquantaine, se précipite hors de la cuisine en nous voyant entrer.

– Que désirez-vous ?

– Deux bols de nouilles dans de la sauce de soja fermenté et viande hachée, répond la cousine de Li-Li, deux bols de bouillon de petits raviolis avec de la sauce maison.

Puis elle se tourne vers moi :

– C'est très bon, vous verrez.

Les nouilles sont délicieuses mais la sauce maison me brûle la bouche. A me voir suer à grosses gouttes et m'essuyer le nez sans arrêt, la cousine de Li-Li part d'un petit rire.

– On mange beaucoup de piments et de poivre ici à

cause du climat, m'explique-t-elle entre deux bouchées, ils chassent l'humidité du corps et protègent contre les rhumatismes. Si vous étiez venue le week-end, j'aurais pu vous inviter au Vieux Sichuan. On mange mieux là-bas. Combien de temps resterez-vous à Chongqing ?

– Je pensais un jour ou deux, mais, en réalité, j'aimerais partir pour Fengjie ce soir s'il y a un bateau.

– Si vite que ça ?

– Oui, je ne peux pas respirer ici.

– C'est la pollution. Et ça ne pourra que s'aggraver hélas ! Avez-vous entendu parler du projet des Trois-Gorges ?... Après la construction du barrage, avec un immense lac de retenue à son pied, la capitale du brouillard va connaître encore plus de brouillard, et avec toutes ces usines qui crachent des tonnes de saletés chaque jour et ces montagnes de charbon qui sont brûlées chaque année pour la cuisine et le chauffage, que pourrons-nous espérer sinon les nuages de l'Apocalypse ?...

– Y a-t-il des gens qui s'opposent au projet ?

– Bien sûr qu'il y en a, mais à quoi bon s'y opposer quand c'est déjà décidé par le gouvernement ?... Enfin. Avez-vous votre billet de bateau ?

– Non, pas encore, je vais le chercher à la Porte-vers-le-Ciel après le déjeuner.

– J'aurais aimé y aller avec vous si une réunion ne m'attendait pas dans l'après-midi...

Elle insiste pour m'accompagner jusqu'à l'arrêt d'autobus situé dans une autre rue.

– Il n'y aura pas beaucoup de monde, me rassure-t-elle

avant de me quitter, car c'est l'heure de la sieste. Nous ne sommes pas encore en plein milieu de la saison touristique, mais si jamais vous ne trouvez pas de billet de bateau, revenez à mon bureau. Je ferai le nécessaire pour vous dépanner.

En effet, quand le véhicule arrive, il n'y a là-dedans qu'une poignée de passagers. Après m'avoir ramassée, il s'ébranle tout de suite. Pas d'embouteillage cette fois.

La salle des réservations sur le port de la Porte-vers-le-Ciel est spacieuse et singulièrement déserte. Seuls deux guichets restent encore ouverts.

– Y a-t-il un bateau ce soir pour Fengjie ?

– Oui, le *Jiangyu 111*, me répond une employée. Il partira à 20 heures. L'embarquement commencera à 18 h 30.

– S'arrêtera-t-il à Fengdu, à Shibaozhai, à Wanxian et à Yunyang ?

– Un instant s'il vous plaît... Voilà. Il s'arrêtera trois heures à Fengdu, deux heures à Shibaozhai, une nuit à Wanxian. Les passagers pourront ainsi visiter la cité des Fantômes à Fengdu, le temple de Shibaozhai et la ville de Wanxian. Mais le bateau ne s'arrêtera à Yunyang que pour un quart d'heure, le temps du débarquement et de l'embarquement des voyageurs.

– Quand arrivera-t-il à Fengjie ?

– Vers 7 h 20 après-demain matin.

– C'est très bien. Je prends un billet alors.

– Quelle classe ?

– Troisième.

– Cent huit kuais pour le billet, trente kuais pour le service. Cent trente-huit kuais au total.

On m'a dit qu'il n'y a pas de première classe dans un bateau ordinaire, mais une deuxième classe – une cabine à deux couchettes qui coûte les yeux de la tête –, une troisième classe – une cabine à quatre couchettes que prennent souvent les fonctionnaires en mission –, une quatrième classe – une longue cabine à plus de vingt couchettes – et une cinquième classe, avec des banquettes seulement.

Il est deux heures moins cinq lorsque je ressors de la salle des réservations. J'ai assez de temps pour aller visiter cette librairie des archives culturelles et historiques dont m'a parlé l'homme au sourire de grand-père dans le train. Il paraît qu'elle ne se trouve pas très loin. Je préfère m'y rendre à pied.

Je remonte alors le quai le long du fleuve, puis tourne à gauche pour suivre une ruelle qui grimpe à grandes marches dallées. Le long de la ruelle, presque sur le pas de la porte des maisons d'habitation, s'allonge une double rangée d'étals de boucherie. D'énormes quartiers de porc, roses et blancs, pendent aux crochets de fer suspendus à de grosses perches de bambou ou sont étalés sur de larges planches graisseuses recouvertes d'innombrables cicatrices laissées par les coups de couteaux. Entre ces deux haies de chair fraîche, des passants montent et descendent, mais peu s'arrêtent pour acheter : la chaleur lourde ne doit sans doute pas exciter l'appétit. Puis, au bout de la ruelle, mes pas sont retenus par un jeune boucher torse nu. Assis sur un tabouret derrière ses énormes pièces de viande, sous un faisceau de cinq ou six pieds de porc ballottant au bout d'un crochet, il est en train de déguster ses nouilles à l'aide d'une paire de baguettes, les doigts maculés de sang. Une hotte en bambou tressée luisante de graisse est posée à son côté, une balance romaine à long levier de fer cirée par l'usage est accrochée au mur derrière lui.

– Excusez-moi. Pourrais-je vous prendre en photo ? lui demandé-je.

Il lève sur moi ses grands yeux clairs, me donne un large sourire. J'appuie sur le bouton.

– N'est-il pas un très beau garçon ? me taquine un de ses voisins.

– Il faut lui envoyer sa photo ! crie un autre.

Mais le jeune homme a déjà replongé son nez dans le bol immense, comme si de rien n'était.

C'est dans une rue surplombant le courant jaune du Jialing que je trouve la librairie des archives. Annales des cantons, biographies des célébrités de la région, cartes et guides touristiques, folklore, dictionnaires anglais-chinois, recettes de la cuisine locale, recueils de documents sur le projet des Trois-Gorges...

Unique cliente, je suis gâtée par les deux employés trop heureux de sortir pour moi leurs volumes poussiéreux. Je passe deux ou trois heures très agréables avec eux, cherchant, feuilletant, discutant. Lorsque l'évocation du barrage des Trois-Gorges surgit dans notre conversation, ils se montrent très prudents.

– Eh bien, souffle le plus âgé d'entre eux, si vous en parlez avec les gens bien éduqués, les professeurs de l'université par exemple, leurs opinions sont plutôt préoccupantes.

Quand j'arrive vers 7 heures du soir au quai nº 2 à la Porte-vers-le-Ciel, mon sac alourdi d'un gros paquet de livres, quelques dizaines de voyageurs patientent déjà, debout ou assis sur les marches d'un escalier raide qui plonge dans des eaux terreuses. Plusieurs femmes vont de l'un à l'autre qui essaient de vendre des œufs durs cuits dans le thé noir, soigneusement empilés dans des paniers de bambou.

Notre bateau est en retard.

Il n'y a pas un souffle de vent. Les feuilles des arbres sont immobiles. La chaleur gluante.

Je pose mon sac par terre et, du sommet de l'escalier, je contemple le vaste écoulement du fleuve.

Après la construction du grand barrage des Trois-Gorges, les navires de haute mer (10 000 tonnes) pourront remonter jusqu'à Chongqing environ six mois sur douze. En tant que port fluvial le plus important du sud-ouest de la Chine, Chongqing devrait en bénéficier énormément.

Pourtant, il est estimé que dans ses environs 32 000 per-

sonnes devront être déplacées et relogées ; que 202 entreprises industrielles et minières (dont certaines emploient plus de 10 000 hommes) seront submergées ; que plus de 2 680 hectares de terre seront noyés dans une campagne où les paysans possèdent moins de 600 mètres carrés de champs cultivés par tête.

De plus, les stations de pompage, le système d'épuration des eaux et les égouts sous la ville devront être en grande partie refaits à cause de la montée considérable des eaux.

On prévoit aussi une aggravation inquiétante de la pollution, aggravation due au ralentissement sensible du rythme d'écoulement du fleuve : des dizaines de villes, des centaines de bourgs et des milliers d'entreprises situés en amont du barrage déversent chaque année, sans traitement, plus de 12 milliards de mètres cubes d'eaux usées dans le Yangtsé. Si rien n'y est fait, l'énorme lac de retenue étouffera toutes les villes situées à ses rives, y compris Chongqing.

Ce n'est pas tout.

Chongqing devra faire face également au problème des dépôts sédimentaires dus aussi à la diminution considérable de la vitesse du cours d'eau. Le Yangtsé charrie annuellement plus d'un milliard de tonnes de sédiments. Les experts estiment que 30 ans après la construction du barrage, à la suite des dépôts dans le Yangtsé et dans ses affluents, les crues importantes feront à Chongqing des dégâts bien plus catastrophiques que celle connue par la ville en 1981 (plus de 4 500 hectares de champs cultivés inondés, plus d'un million de personnes sinistrées). Selon un rapport fait en 1990 par l'Institut des études hydrauliques et hydro-électriques de Nanjing, 70 ou 80 ans après la mise en service du barrage, les docks et les quais du port de Chongqing (au total 699 sur 249 kilomètres) seront presque tous bordés d'un banc de dépôts sédimentaires de 200 à 350 mètres de large et d'une épaisseur de 10 à 20 mètres.

Le barrage modifiera de manière radicale l'environnement de la région, sans que des solutions soient véritablement trouvées. Les avertissements des experts sonnent de façon terrifiante, comme le glas lugubre de la ville multimillénaire.

Vers 8 heures, le *Jiangyu 111* arrive enfin.

Après que le dernier passager est sorti, je descends l'escalier étroit avec les autres voyageurs, et, à la dernière lueur du crépuscule, je traverse les madriers fixés aux pontons, passe à l'embarcadère flottant et monte dans le bateau.

Le cours du Yangtsé, de Chongqing à Shanghai (2495 km)

A BORD DU *JIANGYU 111*

Quelques coups de sirène déchirent le calme de la nuit. Le *Jiangyu 111* retire la passerelle, s'éloigne doucement de Chongqing où les lumières scintillent comme d'innombrables étoiles tombées du ciel.

Je suis seule, les autres se sont rendus à la salle à manger. Percée de deux fenêtres étroites et grillagées donnant sur le pont promenade à bâbord et équipée de quatre couchettes en fer superposées, deux tables de chevet surmontées d'un thermos rouge, un lavabo et deux chaises, notre cabine est à mes yeux plutôt confortable. Une petite porte sous la table à côté de ma couchette attire mon attention. En ouvrant les battants, je découvre étonnée plusieurs rectangles de caoutchouc mousse habillés de toile blanche jaunie par le temps : nos gilets de sauvetage qui doivent avoir le même grand âge que le bateau. S'il y a un accident, me dis-je en les rangeant dans leur cachette, on n'en sortira pas avec ça. Puis j'enfouis pêle-mêle dans un sac plastique mes affaires pour ma toilette de nuit avant de me diriger vers la salle de bains commune.

A ma grande surprise, il n'y a pas de lumière dans la salle de bains. A tâtons, je trouve le robinet. Pas d'eau chaude non plus. Toujours à tâtons, je prends ma douche froide, lave mon linge sale, enfile mon pyjama, ressors en heurtant quelqu'un sur le seuil.

Le linge une fois étendu sur une ficelle dont j'ai attaché une extrémité au fer rouillé de ma couchette et l'autre au barreau de la fenêtre, je mets un paquet de nouilles instantanées dans mon gobelet, y verse de l'eau bouillante, remue un peu avec des baguettes, et voilà que mon dîner est prêt.

Je suis en train de manger lorsque les deux passagers qui partagent la cabine avec moi rentrent, suivis de trois hommes et d'une jeune fille. Après une brève discussion à propos de leur programme du lendemain, ces derniers se retirent pour aller se coucher dans la cabine voisine.

Assis sur le bord de sa couchette, le plus jeune des deux voyageurs sort un paquet de cigarettes, en tire une, passe le paquet à l'autre. Aussitôt, la cabine exiguë se remplit de fumée blanche.

– Où allez-vous ? me demande le plus âgé, qui a l'air d'être le chef du petit groupe.

– A Fengjie. Et vous ?

– Nous descendons directement à Wuhan. Nous sommes en voyage touristique organisé par le syndicat de notre unité de travail. Mais... vous voyagez seule ?

– Oui, toute seule.

– Êtes-vous journaliste ?

– Non. Je suis « mangeuse de poussière de craie ».

Je l'étais, en fait.

– Professeur ? sourit-il. Ma femme aussi enseigne dans une école primaire.

– Et vous ? Que faites-vous ?

– Nous ? dit-il en faisant tomber les cendres de sa cigarette dans une boîte de conserve vide, le travail le plus difficile du monde. N'est-ce pas, Xiao-Gao ?

Celui-ci approuve de la tête.

– Vous voulez dire... dans le contrôle de la natalité ?

– C'est ça.

Ils travaillent tous les six dans le bureau du planning familial d'une ville du Sichuan. La politique d'un enfant par couple demeure largement impopulaire depuis 1978, date de sa mise à exécution, avouent-ils, mais il n'existe pas d'autre issue possible. La population du pays a dépassé le milliard en 1981 et 1,2 milliard en 1994. A savoir quelque 14 millions de naissances par an en moyenne depuis 1949. De surcroît, plus d'un tiers de Chinois entrent maintenant dans la tranche « jeune adulte », entre 15 et 34 ans. Renverser le processus actuel, et réduire le taux de la natalité, n'est donc pas une mince affaire comme on peut l'imaginer. Le gouvernement impose un contrôle des naissances très strict afin de stabiliser la population à 1,6 milliard vers 2040, en espérant qu'ensuite, celle-ci retombera peu à peu au niveau actuel. L'ennemi le plus redoutable de cette politique ? La mentalité traditionnelle qui voit dans le descendant mâle la continuité de la famille et la sécurité des vieux jours des parents, et dans la famille nombreuse, le signe de la prospérité et la bénédiction de Dieu du Ciel.

Depuis ces dernières années, cet ennemi a trouvé un allié redoutable dans l'exode en masse des paysans vers les villes. Le déplacement permanent des populations ne facilite pas le contrôle, certes, mais eux, les travailleurs du planning familial, font de leur mieux. Leurs armes contre les transgressions de la règle imposée ?... Licenciement des parents s'ils sont fonctionnaires ou ouvriers dans une usine d'État ou une entreprise collective, trente mille kuais d'amende (équivalant à environ cinq années d'un salaire moyen), avortement et vasectomie forcés...

– Mais si la grossesse est déjà trop avancée ?...

– On provoque l'accouchement immédiat.

– Mais si le bébé y survit ?...

– Ce genre de cas est très rare. Après les piqûres, la plupart sont mort-nés. Si par hasard l'un d'entre eux survit, on met sur son visage une compresse de gaze trempée d'alcool éthylique. Voilà.

Je suis stupéfiée. Horrifiée.

Ce calme dans la voix, cet air sincère du « nous faisons notre travail », m'ont glacé la moelle.

Consciente des problèmes graves que pourrait entraîner l'explosion démographique, en particulier ses conséquences inquiétantes sur l'environnement, je ne suis pas contre le planning familial dans son principe. Mais ce genre d'abus criminels, ces meurtres qui dépassent toute imagination, cette absence totale de respect pour la vie, me révoltent

– Avez-vous des enfants ? leur demandé-je.

– Deux fils, répond le plus âgé, le front déridé par un

sourire de bonheur. L'aîné travaille dans un centre de recherches au Japon, le cadet fait des études à l'université.

Il n'y avait pas de politique d'un enfant par couple quand il était jeune, bien entendu. Comment peut-on être capable de cruautés pareilles quand on est un père fier soi-même ? Comment peut-on être si monstrueux après avoir bercé ses bébés ? C'est ça que je n'arrive pas à comprendre. Tout homme peut-il devenir robot-bourreau placé à un certain poste ?... Prise de malaise, je me précipite au-dehors, m'agrippe à la rambarde, vomis.

Le vent humide me fouette le visage et les bras nus. Pas de lune. Pas d'étoiles. Plus de clignotement de lumières au bord du vaste fleuve. Le bateau s'enfonce dans la nuit épaisse. Le faisceau intense de ses phares troue à peine cette obscurité plus noire que la suie de la cheminée. Le ronflement des moteurs dans les soutes et le grondement des eaux rendent le silence nocturne plus silencieux encore.

Cette année, en 1995, m'a raconté une amie, un incendie a éclaté dans l'école secondaire où elle enseigne. Tout le bâtiment s'est enflammé comme un brasier mais les responsables de l'école demandaient aux élèves de se lancer dans les flammes pour « sauvegarder les biens de l'État », à savoir quelques pupitres, chaises et lits en bois... Mon amie toujours si douce devint d'un coup une lionne furieuse. Elle courait en tous sens en hurlant pour empêcher les enfants de risquer leur vie dans le feu à l'appel meurtrier de ces idiots. Elle est parvenue à éviter le pire mais son action n'a pas été bien vue par la direction...

Le *Jiangyu 111* continue de fendre la nuit sombre. Le

vent du fleuve, de me flageller le visage. Je ne sais pas combien de temps je reste ainsi, les doigts crispés au bastingage, le cœur pantelant de tristesse et de colère.

Vers 6 heures du matin, je me réveille d'un cauchemar, transie d'une humidité glaciale. Il n'y a plus de halètement des machines. Le bateau semble flotter à la dérive. Après avoir jeté une veste sur mes épaules, je m'élance hors de la cabine.

Quel brouillard !

Le bateau est enveloppé par une sorte de nuage sombre et froid qui erre au ras d'une nappe d'eau boueuse striée de remous. La visibilité ne dépasse pas cinq ou six mètres.

Ce n'est que vers 7 heures et demie que les haut-parleurs annoncent que le bateau est ancré à Luoqi* pour des raisons de sécurité.

Les portes des cabines s'ouvrent les unes après les autres. Les voyageurs ébouriffés affluent vers la salle d'eau et les toilettes.

A 9 heures, le brouillard devenu un peu moins dense laisse apercevoir sur la rive une foule de paysans massés entre paniers, hottes et vélos, au pied d'un long escalier dallé. Au sommet de la pente raide, à quelques pas de l'escalier, un camion fait basculer sa benne, une averse d'ordures s'abat sur une épaisse couche de déchets accu-

* Gros bourg situé sur la rive sud du Yangtsé, en aval de Chongqing.

mulés. Personne n'y prête attention. Bruit de moteur. Un bac à piétons surgi du brouillard vient lentement se placer le long du quai flottant. Des paysans en sortent en se bousculant. D'autres se hâtent d'y pénétrer. Puis un garçon d'équipage retire la passerelle, le bac quitte le quai et s'enfonce de nouveau dans le brouillard.

A son tour, le *Jiangyu 111* s'ébranle bruyamment et s'éloigne du port de Luoqi.

Puis, sur le coup de 10 heures, on nous annonce que le bateau passera Shibaozhai sans s'arrêter, qu'il ne s'ancrera à Fengdu et Wanxian que le temps nécessaire pour le débarquement et l'embarquement des passagers.

Donc, pas de visite au célèbre temple de Shibaozhai, pas de promenade dans la mystérieuse cité des Fantômes, pas de balade non plus au marché de nuit de Wanxian.

Plusieurs voyageurs se pressent déjà au guichet du bureau de service lorsque je descends pour demander des explications. D'une voix impatiente, une employée nous répond simplement que l'ordre de changement des horaires est venu d'en haut.

Quelle déception !

Ce n'était pas facile pour moi de venir jusqu'ici, et maintenant il me faudra passer à côté de ces lieux sans les visiter ! Ces lieux qui seront noyés après l'édification du barrage !

Le brouillard se dissipe peu à peu. Déjà le ciel est devenu plus clair.

Je rentre dans la cabine. Le petit groupe des travailleurs du planning familial s'y est réuni. Ils sont assis en cercle autour d'un paquet de cartes, deux gobelets à moitié remplis de thé vert et quelques billets de un kuai froissés. L'un d'eux m'invite à participer à leurs jeux. Je fais signe que non, prends mon appareil photo, ressors.

Au pied de l'escalier étroit qui mène au pont supérieur, quelques voyageurs de cinquième font leur grasse matinée, le corps enroulé dans un drap, la tête posée sur un ballot. Je les franchis avec précaution, gravis les marches, atteins la sortie.

– Avez-vous le ticket ? me demande un homme d'équipage qui surgit à mon côté.

– Quel ticket ?

Il montre du doigt un petit tableau noir sur lequel on lit quelques mots tracés à la craie blanche : « Pour admirer le paysage du pont supérieur : dix yuans par jour. »

Incrédule, je balbutie :

– Depuis quand faut-il payer pour se promener sur un bateau ?

Un petit sourire ironique au coin des lèvres, l'autre me dit :

– Vous ne savez vraiment pas que de nos jours tout s'achète et tout se vend ?

Puis, en me voyant sortir mon porte-monnaie, il ajoute :

– Non non, pas ici, au bureau de service.

Vu du pont supérieur, le Yangtsé me paraît plus impressionnant encore. Immense et sauvage.

De temps en temps, notre bateau dépasse une barque

en bois qui se balance comme une noix sur les flots impétueux. Je m'imagine à bord d'une de ces barcasses fragiles, me cramponnant des deux mains au bordage, mon regard errant d'une rive à l'autre puis s'arrêtant sur les remous furieux qui défilent près du plat-bord... et je crois mieux comprendre les émotions que ressentaient nos poètes en contemplant le fleuve autrefois.

Le soleil pâle se montre à travers l'écharpe de brume légère, au-dessus des montagnes à dos bleuâtre.

Très loin, sur la rive gauche, apparaissent des pylônes électriques, des bâtiments gris hérissés de hautes cheminées, un pont de ciment jeté entre deux falaises abruptes au-dessus de l'embouchure d'un affluent. Au milieu du courant, on voit de larges bandes d'écumes blanches traîner dans les flots qui les tordent, les déchirent et les emportent dans des tourbillons ridés de vagues successives. Moins loin, sur la rive droite, on distingue à peine les silhouettes de quelques maisons perchées au flanc de la montagne et à moitié cachées par les feuilles des bananiers et les bouquets de bambous géants.

Vers midi, le bateau accoste le débarcadère de Fuling, une ville forte de plus de 170 000 hommes et d'une histoire qui remonte aux dynasties Shang et Zhou (1700-256 avant notre ère). Depuis 1972, on y a déterré de nombreux objets en pierre du néolithique et trouvé des tombes des dignitaires du royaume Ba d'où ont été exhumés une série de quatorze cloches en bronze incrusté de fils d'or ainsi que d'autres instruments musicaux.

Mais une fois que le barrage aura été érigé, les deux tiers de la ville seront engloutis par les eaux.

Au nord de la ville, à l'endroit où le fleuve Wu* se joint au Yangtsé, s'allonge la fameuse Baiheliang, *Arête-aux-Grues*, écueil gigantesque qui doit son nom à la légende selon laquelle il accueillait chaque année une colonie de grues, et d'où deux immortels, Erzhu et Baishi, s'élevèrent jusqu'au ciel chacun sur le dos de l'un de ces grands oiseaux. Large de 15 mètres et long de 1 600 mètres, l'écueil n'émerge des flots qu'au moment de la diminution exceptionnelle du débit. Depuis la dynastie Tang, chaque fois que l'arête rocheuse resurgissait, on y gravait un poisson juste au niveau de l'eau (il y en a en tout 18). D'où son surnom « Poisson-de-Pierre » et sa réputation d'être la plus ancienne « station hydrométrique » du monde. La vertèbre du rocher porte d'ailleurs un grand nombre d'inscriptions laissées par des poètes et des célébrités de différentes époques (au total plus de 20 000 caractères). D'où son autre surnom « Forêt-de-Stèles-sous-l'Eau ».

La dernière fois que l'Arête-aux-Grues a fait son apparition, c'était au début de 1994. Des dizaines de milliers de visiteurs ont afflué pour voir ce trésor caché.

Comme c'est la saison des crues maintenant, je ne peux que l'imaginer sommeillant sous les flots jaunâtres avec ses poissons et ses poèmes.

* L'un des affluents les plus importants du Yangtsé.

Quel dommage que ce patrimoine unique ne puisse plus jamais revoir le jour après la construction du barrage !

Le haut-parleur annonce que le déjeuner est servi. Les promeneurs descendent les uns après les autres. Je descends aussi. Je me nourris de nouilles depuis hier et j'ai envie d'autre chose. J'achète au bureau de service deux tickets, un pour le riz, l'autre pour les légumes de saison.

Quatre ou cinq tables rondes sont installées dans la salle à manger. Une dizaine de personnes font la queue devant le bar que tiennent trois employées. Je me place à la fin de la file d'attente. Lorsque vient mon tour, la vue de ce riz d'un jaune sale et de ces épinards d'eau mal lavés et mal cuits me met l'estomac à l'envers. Je laisse mon repas inentamé sur une table, quitte la salle, me rends à la boutique. Là, j'achète une conserve de poisson et une boîte de soupe à huit trésors.

Au début de l'après-midi, notre bateau mouille à Fengdu. Les passagers se précipitent hors des cabines et se massent sur le pont promenade de bâbord pour regarder de loin la cité des Fantômes.

Par-dessus les maisons et les immeubles gris qui s'étagent sur une pente douce, du bord de l'eau jaunâtre jusqu'au pied de deux collines vertes, on aperçoit des toits dorés et des pans de murs pourpres dispersés dans les feuillages épais. En les contemplant, je revois mon père penché sur un guide touristique en train de me raconter sa visite à Fengdu, un an plus tôt.

« On a accosté là, au débarcadère de la Place commerciale. On a grimpé un escalier de cent marches, on a monté la rue principale qui traverse la ville entre de jolies maisons à un étage, aux tuiles noires, et voilà, on s'est trouvés devant la porte de la cité des Fantômes. Mais une fois entrés, au lieu des fantômes on y a surtout rencontré des touristes comme tu peux t'en douter. On a gravi des dalles, on a croisé un grand nombre de statues aux visages effrayants, on a continué de monter, on a fait halte au kiosque Aurore-dans-la-Montagne, puis on a repris l'escalade. Après être passés par le temple Payer-de-retour-un-bienfait, on a traversé trois petits ponts en dos d'âne jetés au-dessus de l'Étang-au-sang, pour arriver au temple Liaoyang qui abrite l'autel du onzième fils de l'empereur Zhu Yuanzhang de la dynastie Ming. A la sortie, il nous a fallu grimper les trente-trois Marches-qui-mènent-au-Ciel pour atteindre le fameux palais de Dieu du Ciel où on a été une fois de plus terrifiés par les statues imposantes dont l'expression du visage inspire moins le respect que la crainte. Moi, j'avais hâte d'en sortir pour me rendre à la maison de thé de Grand-mère-Meng, bien plus sympathique, qui se situe un peu plus loin, à droite. Il y a encore le temple de Cent-fils, la Porte-de-l'Enfer, le Sentier-au-séjour-des-morts, avant d'atteindre le palais épouvantable du Royaume-de-l'Au-delà qui s'élève au sommet de la colline Mingshan. Là, on a trouvé Dieu de l'Enfer, son épouse Reine de l'Enfer, flanqués de quatre juges, dix maréchaux et divers officiers qui te font dresser les cheveux sur la tête. De tous ces temples et palais datés des dynasties Ming et Qing, je n'en ai aimé qu'un seul : la Tour-pour-regarder-son-pays-natal. De là-haut, on a une vue magnifique sur la ville de Fengdu, ses environs, et surtout, le Yangtsé. La nostalgie du monde d'ici-bas... »

A cause de la montée considérable des eaux, Fengdu qui vit principalement du passage des touristes attirés par les temples de la cité des Fantômes devra être transféré avec ses 55 000 habitants de la rive nord sur la rive sud.

Que deviendra alors la cité elle-même, un haut lieu du taoïsme où, selon notre mythologie, les âmes de tous les Chinois décédés doivent se présenter et attendre leur laissez-passer pour se rendre au séjour des morts ? Et quel sera le sort de ces centaines de tombes anciennes datées de la dynastie Han (206 avant notre ère) qu'on vient de découvrir dans ses environs ?

A 2 h 10 de l'après-midi, le bateau arrive à Zhongxian, une autre petite ville millénaire.

Là, nos ancêtres nous laissèrent aussi un héritage non moins précieux. Temple de Bai Juyi (772-846), un des poètes les plus connus de la dynastie Tang. Temple de Ba Manzi*, général légendaire du royaume Ba. Gravure du

* Le royaume Ba se situait entre deux voisins puissants, le royaume Shu à l'ouest et le royaume Chu à l'est. Un jour, les troupes du royaume Shu attaquèrent le royaume Ba. Envoyé d'urgence au roi du Chu pour demander de l'aide, Ba Manzi promit de lui céder trois

portrait de Confucius par Wu Daozi sous la dynastie Tang. Deux tours en pierre sculptée de la dynastie Han qui se tiennent encore debout après plus de deux mille années de pluies et de vents. Deux sites archéologiques : Zhongbayizhi où a été exhumé un grand nombre d'objets antiques fabriqués il y a plus de 4 500 ans, et Wazhadiyizhi où on peut encore rêver devant une maison paysanne dont un pan de mur entier est décoré de morceaux de poterie vieux de 4 000 ans !

Il a été décidé que les deux tours seraient déplacées et reconstituées ailleurs. Mais les sites archéologiques ? Seront-ils submergés comme la ville ?

L'appareil à la main depuis que le bateau a quitté Zhongxian, je guette la haute silhouette de Shibaozhai du haut du pont supérieur. On devrait l'apercevoir sur la rive nord.

En effet, vers la fin de l'après-midi, apparaît un pavillon en bois rouge sombre de onze étages. Le temple lui-même, nommé Lanruodian, fut bâti en 1736, sous la dynastie Qing, au sommet du mont Yuying, *Sceau-de-Jade*, qui se

---

villes s'il déclarait la guerre au royaume Shu. Sa proposition fut acceptée et des milliers de soldats du Chu, envoyés au champ de bataille. Mais après que l'armée des alliés eut chassé les envahisseurs, Ba Manzi refusa d'honorer l'accord. « Vous allez emporter ma tête à votre roi, dit-il à l'envoyé spécial du Chu en tirant son épée, et dites-lui que je préfère me couper la tête que de céder à quiconque le territoire de mon pays ! » Et il se trancha la gorge. Selon la légende locale, son corps fut inhumé sur le rocher aux Sept-Étoiles, à l'ouest de Chongqing.

dresse au bord des eaux boueuses. Mais pour visiter le temple, on devait d'abord escalader le Sceau-de-Jade à l'aide de chaînes fixées dans le rocher. Un siècle plus tard, en 1819, un groupe de charpentiers et menuisiers fut recruté pour trouver une solution. Durant des semaines les ouvriers se torturèrent le cerveau sans succès. Puis, un jour, à la vue d'un aigle qui planait entre les pics de la montagne, ils furent saisis d'une soudaine inspiration. Ils élevèrent alors un pavillon de huit étages adossé contre le Sceau-de-Jade, qui permettait aux visiteurs d'atteindre la cime par l'escalier du pavillon. Puis, trois autres étages y furent ajoutés en 1956, au cours d'une restauration. Dans le Hall-du-Fils-de-Ciel perché au sommet du pavillon, il y a un tout petit trou creusé dans le granit. C'était le « trou du trésor », raconte la légende de la région. Il en coulait du riz tous les jours, en juste quantité pour nourrir les bonzes du temple. Un jour, pour grossir le ruisseau à riz, un bonze gourmand élargit le trou. Aussitôt la petite source cessa de couler et pas une graine n'en est sortie depuis.

Selon le calcul des experts, l'eau du réservoir des Trois-Gorges atteindra le portique en pierre du pavillon, qui est paré d'une sentence de Confucius : « Qui a gagné les hauteurs se sent petit. »

Comment protéger cette merveille du XVIIIe siècle ? Élèvera-t-on une digue autour d'elle ? Ou la hissera-t-on plus haut sur la montagne ?

J'ai envie de prendre une photo mais la lumière n'est plus suffisante. En moins d'un quart d'heure, le bateau dépasse le temple, le laisse derrière nous, déjà fondu avec le Sceau-de-Jade en une masse informe et grise. « Adieu », murmuré-je.

Vers 6 heures et demie, notre bateau s'arrête à l'embarcadère flottant de Wanxian, ville portuaire et touristique de plus de 160 000 habitants.

Au cœur de l'hiver 1984, je me le rappelle encore, mon mari a séjourné à Wanxian pour son travail et m'en a rapporté un fauteuil en rotin et bambou. « C'est une spécialité de Wanxian », m'a-t-il dit. Dès son arrivée dans notre petit appartement, le fauteuil devint mon siège préféré et le resta jusqu'en automne 1986, date à laquelle je l'ai donné à une amie avant mon départ pour la France.

Comme Fuling, Fengdu et Zhongxian, Wanxian ne pourra pas non plus échapper aux turbulences du grand déplacement dû à l'élévation considérable des eaux. Environ deux tiers de la ville seront noyés, parmi lesquels ses plus importantes entreprises industrielles et nombre de champs cultivés alentour.

Des passagers descendent. Des passagers montent. Puis je sens sous mes pieds la trémulation des machines qui se remettent en marche. Le *Jiangyu 111* repart dans le crépuscule...

L'ouest s'assombrit peu à peu. Le bateau sillonne les vagues terreuses qui se bousculent au milieu du courant. En s'éloignant, les hameaux accrochés au flanc des montagnes le long des rives se confondent avec la végétation. Les derniers promeneurs regagnent leurs cabines. Deux jeunes amoureux s'attardent dans l'ombre derrière la salle de récréation pour s'embrasser.

Je descends au bureau de service pour m'informer de l'heure d'arrivée à Fengjie.

– Dans quatre heures environ, répond une employée derrière le guichet.

Je regarde ma montre. 8 h 25 déjà. Cela veut dire que nous ne serons pas arrivés avant minuit. L'idée de débarquer seule dans un lieu inconnu au milieu de la nuit m'inquiète.

– Y a-t-il d'autres voyageurs qui descendront à Fengjie ? me renseigné-je encore.

– Quelques-uns.

– Où puis-je les trouver ?

– Dans une cabine de quatrième, à l'arrière du bateau.

Je passe la tête par la porte grande ouverte de la cabine 17. Une longue pièce où deux rangées interminables de couchettes superposées se serrent les unes contre les autres. Les ampoules déversent une lumière jaunâtre. Faute de chaise et d'espace, les passagers se sont assis ou étendus sur les couchettes alignées.

– Y a-t-il quelqu'un qui descendra à Fengjie ? je demande à haute voix.

Certains d'entre eux me font non de la tête. D'autres ne lèvent même pas l'œil, comme s'ils n'avaient pas entendu. Je vais alors à la cabine 18. Sans plus de succès.

Sur le pont arrière, une bande de jeunes gens s'entassent sur une natte autour de quelques canettes de cola et de bière. Ils bavardent, boivent, chantent, se fusillent de plaisanteries, échangent des coups de coude... Je ne peux m'empêcher de rester un moment derrière eux : leurs voix joyeuses et leurs rires insouciants me ramènent à mes années d'étudiante jalonnées de voyages en groupe...

Un couple vient prendre l'air. Nous nous adressons un petit sourire.

– Excusez-moi, est-ce que par hasard vous descendriez à Fengjie ? balbutié-je.

– Oui, pourquoi ? dit la femme.

– Eh bien, moi aussi j'y descends. Mais comme je ne connais pas la ville, ça m'inquiète un peu... Savez-vous s'il y a un hôtel près du port ?

– Oui, l'Hôtel Fengjie, à deux minutes à pied.

– L'Hôtel Kuimen et l'Hôtel de la Mairie sont bien meilleurs, ajoute le mari, mais ils se trouvent dans la ville, plus loin.

Cette information me rassure. Je les remercie et rejoins ma cabine pour préparer mon débarquement.

Vers 9 heures, le bateau est amarré à Yunyang. Je remonte sur le pont supérieur pour regarder cette ville millénaire qu'une multitude de lumières scintillantes dessine le long de la rive nord, sur un ciel noir et humide.

Dans les environs de Yunyang, récemment, les archéologues ont trouvé une butte ronde d'environ quarante mètres de haut qu'ils estiment être le tombeau du roi Chu (234-202 avant notre ère). Ils ont aussi découvert un grand nombre de vestiges d'une civilisation plus ancienne qui remonte aux dynasties Shang et Zhou.

Mais ces sites seront tous noyés comme la ville.

Je tourne la tête vers la rive opposée. Là, au bord de l'eau, se dresse le temple de Zhang Fei. Le monument fut bâti il y a plus de 1 700 ans pour célébrer Zhang Fei, maréchal légendaire du royaume Shu (221-263). Le temple et ses pavillons furent construits sous les dynasties Song, Ming et Qing, ils abritent actuellement une collection d'antiquités extrêmement riche – des centaines de peintures, gravures sur bois et stèles dont la plus ancienne remonte à quinze siècles ; chefs-d'œuvre de grands maîtres en calligraphie ; cloches et épées de bronze vieilles de 3 000 ans ; objets rares en pierre, en terre cuite, en porcelaine, en bronze, en fer et en jade sculpté depuis le néolithique... A cela s'ajoutent encore quelque 170 inscriptions lapidaires indiquant les niveaux des crues exceptionnelles du Yangtsé depuis la dynastie Song.

C'est déjà décidé, dit-on, le temple sera déplacé et reconstitué. Mais le paysage unique qui fait partie de son architecture particulière, on ne le trouvera pas ailleurs.

Il est presque minuit lorsque le *Jiangyu 111* approche de Fengjie. Le sac au bout du bras, je descends rapidement. Une dizaine de passagers s'impatientent déjà sur le pont d'embarquement.

Lentement, le bateau touche le dock flottant. En suivant les autres, je saute sur le quai, puis, à la lumière pâle de quelques réverbères, je traverse les madriers attachés aux pontons.

Arrivée au pied d'un grand escalier en dalles, je me vois flanquée par deux hommes.

– Voulez-vous que je vous aide à monter votre sac ? me demande l'un.

– Non, merci, je répète en gravissant les marches aussi vite que je le peux.

L'autre, un quinquagénaire sec, me suit pas à pas.

– Je suis un retraité, me dit-il, je connais tous les hôtels de la ville, je peux vous servir de guide.

Il me suggère plusieurs hôtels mais pas un nom ne correspond à ceux que le couple m'a donnés sur le bateau. Méfiante et le souffle court, je me contente de secouer la tête et continue de grimper. Mais il ne me lâche pas. Je redouble le pas. Il accélère sa marche. De grosses gouttes de sueur commencent à ruisseler sur mon visage. Après avoir passé la porte en pierre de l'ancienne enceinte de la ville, j'atteins enfin le sommet de l'escalier. Là, dans le cercle jaunâtre d'un réverbère, plusieurs mobylettes attendent des clients. Je pose mon sac et respire.

– L'hôtel de la Compagnie du sel est tout près d'ici, voulez-vous que je vous montre le chemin ? me propose encore l'homme sec.

– Non, merci.

Je ramasse mon sac, m'approche d'un conducteur de mobylette.

– Où se trouve l'Hôtel Fengjie, s'il vous plaît ?

– Continuez tout droit, et vous le verrez sur votre droite.

La rue étroite et mal éclairée est complètement déserte.

Je presse le pas sans oser regarder en arrière. Mais l'homme sec continue de me suivre comme une ombre.

Ouf ! voilà enfin l'enseigne de l'hôtel.

Dès l'entrée, je pousse un soupir de soulagement à la vue de la réceptionniste. L'homme sec entre avec moi. Je pose mon sac sur le comptoir. Il vient se mettre à mon côté.

– Avez-vous une chambre libre ? je demande à la réceptionniste.

– Oui, répond-elle en me montrant une liste de chambres et de prix.

– Alors, un lit à vingt-cinq kuais la nuit.

– Vous ne voulez pas le climatiseur ?

– Non, son ronronnement me dérangera.

– D'accord. Combien de nuits ?

– Une seule.

– Votre carte d'identité, s'il vous plaît.

Elle note mon nom et le numéro de la carte dans un cahier froissé, puis relève la tête :

– Il faut payer d'abord.

Je mets trois billets dans sa main.

Une femme surgit de nulle part, un thermos à la main.

– Venez, je vous montre votre chambre, me dit-elle.

Nous traversons une petite cour rectangulaire entourée de trois côtés par un immeuble gris de quatre étages. Avant d'emprunter l'escalier au milieu de l'immeuble, je remarque que l'homme sec traîne encore dans le hall de la réception, parlant à l'employée. Lui demande-t-il une commission pour m'avoir indiqué l'hôtel ?

Ma chambre se trouve au troisième étage. Trois lits en bois. Draps sales et froissés. Table de chevet vert pâle. Fauteuil marron. Tabouret orange. Ventilateur usé couvert d'une couche épaisse de poussière. Je l'installe sur le tabouret orange et l'allume. Il marche ! Je tire le rideau. Dans la fenêtre, le béton gris d'un autre bâtiment. En tendant le bras, je pourrais le toucher. Mais le pire m'attend dans la salle de bains : l'urinoir bouché est rempli à ras bord, et du robinet ne coule qu'une eau glacée et jaunâtre au goût de rouille.

Le thermos me sauve. Comme une vieille femme avare, j'utilise seulement la moitié de son eau pour un brin de toilette et garde l'autre pour me préparer un gobelet de lait de soja soluble avant de me coucher.

Les trois gorges du Yangtsé (193 km)

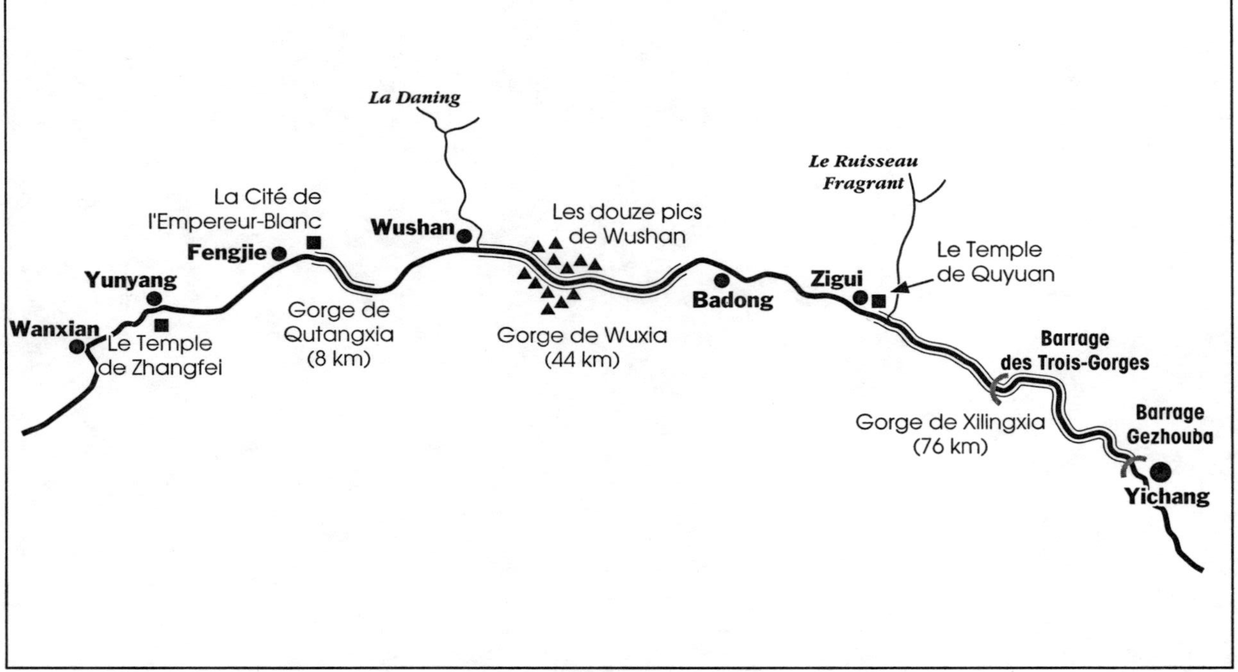

DANS LES RUES DE FENGJIE

La première chose que je fais le lendemain matin, dès l'aube, c'est de déménager dans l'Hôtel Kuimen, l'un des meilleurs de la ville.

Comme les chambres pour une personne et celles pour deux sont toutes prises, on m'offre un lit à quarante-cinq kuais la nuit dans une chambre pour trois personnes située au quatrième étage.

– Il n'y a pas d'ascenseur, m'explique la réceptionniste, mais vous aurez moins de moustiques en haut.

– Vous n'avez pas de moustiquaire ?

– Non, parce que toutes nos chambres sont climatisées et que le plus souvent les fenêtres sont fermées.

Une jeune fille m'ouvre la porte.

Le sac jeté sur le lit près de la fenêtre, je me lance immédiatement dans la salle de bains pour une inspection rapide : l'urinoir n'est pas bouché mais la chasse d'eau refuse tout service – il faut donc utiliser une cuvette ; l'eau chaude coule en abondance au robinet bien qu'une notice collée sur un coin du miroir insiste particulièrement sur la nécessité de l'économiser ; un petit nécessaire pour la toilette et une pile de serviettes propres sont disposés sur la tablette – quel luxe !

Une bonne douche me rafraîchit, qui balaie et la poussière accumulée du voyage et les mauvais souvenirs de la veille.

J'éteins le climatiseur, ouvre la fenêtre à la vitre bleue fumée. En respirant l'air frais du matin je regarde la petite cour rectangulaire entourée de maisons basses couvertes de tuiles sombres et traversée par une longue perche de bambou sur laquelle sèchent des vêtements multicolores de toutes tailles. Sous la perche, près d'un puits où grimpe une viorne aux fleurs blanches, un adolescent en T-shirt blanc et jean feuillette un livre, assis sur une vieille chaise en bambou. Il doit être en train de préparer le concours annuel pour l'entrée des universités. Debout devant une sorte de table en ciment et à l'ombre d'un osmanthus à feuillage dru et vernissé, une jeune femme en chemisette verte et jupe bleue trie des légumes qu'elle lave ensuite dans une cuvette en plastique rouge vif. Derrière la cour, plus loin, se dressent de grands immeubles – blocs de bureaux gris et blocs d'appartements aux petits balcons ornés de pots de plantes tropicales. Plus loin encore, le jour levant trace sur un ciel laiteux le contour de la cime verdâtre de la montagne qui s'étend comme un paravent immense.

Je descends dans le restaurant de l'hôtel, y avale en hâte

un bol de soupe de riz et deux brioches à la vapeur, puis sors dans la rue.

Les boutiques, les restaurants et les salles de karaoké sont déjà ouverts. Deux rangées de jeunes arbres agitent doucement leurs grandes feuilles palmées au souffle léger du matin. Au-dessous de longues banderoles publicitaires déployées en travers de la rue, fourmille une foule de piétons qui s'écartent à peine aux coups de klaxon impatients des rares voitures qui circulent. Une mobylette s'arrête au milieu de la rue, le garçon perché sur l'engin crie une injure à une femme qui l'a gêné. Tout en s'éloignant rapidement, celle-ci lui rend quelques mots non moins venimeux. Bleu de rage, le garçon hurle une menace mais la femme a déjà disparu dans la foule. Ayant perdu l'objet de sa colère, le garçon donne un coup de pied brutal à la pédale et redémarre. Du seuil d'un hôtel apparaît une jeune fille tenant d'une main un petit drapeau orange vif et de l'autre un porte-voix, suivie par une meute de touristes chargés d'appareils photo et de sacs plastique gonflés de brioches à la vapeur et de canettes de limonade. Soudain, quelques cris d'avertissement. Plusieurs hommes surgissent, se frayant un chemin parmi les passants, un long bâton sur l'épaule d'où pendent à chaque extrémité d'énormes paniers emplis de canards rôtis rougis d'épices et ruisselants de graisse...

En regardant ainsi le spectacle de la rue de plus en plus animée, je me retrouve brusquement nez à nez avec Dananmen, *grande porte du Sud*, par laquelle je suis entrée dans la ville cette nuit. Des gens entrent, des gens sortent.

Paysans avec leurs hottes pleines sur le dos, voyageurs aux bras encombrés, jeunes filles déballant leurs marchandises bariolées sur un morceau de plastique étendu dans la poussière.

Je descends l'escalier dallé, monte sur le quai flottant. Et là, je me retourne pour regarder la ville.

Boutiques. Vieilles maisons basses. Blocs d'appartements récents. Usines surmontées d'énormes cheminées qui crachent une fumée blanche. Bâtiment de la compagnie du transport fluvial Vent-de-l'Est. Bâtiment du marché couvert Empereur-Blanc. Bâtiment du Contrôle des ports... Tous se serrent et s'étagent sur plus de deux kilomètres le long de la côte. Et ces équipements portuaires. Et ce vieil escalier de plus de deux cents marches. Et cette grande porte ancienne sous laquelle Du Fu* aimait s'attarder vers la fin de la journée, au moment où le globe de feu embrasait le ciel et le fleuve... Tout cela sera englouti... Je sens ma gorge se nouer.

Je tourne les yeux à gauche, les vastes eaux boueuses du Yangtsé roulent vers moi comme venues du ciel. Je pose mon regard à droite, elles se chevauchent en vagues pressées vers les montagnes lointaines qui soudain se rapprochent pour barrer l'horizon. C'est là Kuimen, l'entrée des Trois-Gorges.

* Du Fu (712-770) : un des plus grands poètes de la dynastie Tang.

L'histoire écrite de Fengjie remonte jusqu'à la dynastie Zhou (1100-770 avant notre ère), mais on y a trouvé des traces humaines du néolithique.

Sous la dynastie Zhou et pendant la Période-des-Printemps-et-Automnes (770-476 avant notre ère), Fengjie fut la capitale du royaume Kuizi. D'où son surnom « Kuizhou ».

Du Fu vécut en exil ici il y a douze siècles, de 766 à 768, période la plus productive de sa carrière littéraire. Il y composa quelque 430 poèmes selon les annales du canton. Le surnom de la grande porte du Sud, *Yidoumen*, fut tiré d'un vers du poète.

La vieille ville de Fengjie était ceinturée d'une muraille de trois kilomètres de long percée par cinq portes : la porte de l'Est, la porte du Nord, la porte de l'Ouest, la petite porte du Sud et la grande porte du Sud. De tout cela, seules les deux dernières portes tiennent encore debout.

Quand le Yangtsé sera coupé, en 1997, les eaux atteindront le pied de la grande porte du Sud, recouvrant toute la partie basse de la ville. A partir de 2003, l'année où la première tranche des travaux sera terminée, les quartiers les plus animés de la ville seront noyés et les deux dernières portes anciennes, témoins précieux de notre Histoire, disparaîtront du même coup. Puis en 2009, date de mise en service de la centrale hydro-électrique, le reste de la ville sera englouti.

Remontée au sommet de l'escalier, j'emprunte par hasard une petite rue qui file vers l'est, le long du fleuve, entre des maisons d'habitation, des immeubles et des boutiques. Ici, plusieurs paysans accroupis derrière leurs paniers pleins de pêches roses et de prunes vertes ; là une jeune femme en pull rouge qui donne le sein à son bébé entre de grands seaux en bois et un tas de chaises en bambou reliées par une corde de chanvre. Plus loin, à droite, un sentier zigzague vers le fleuve entre des murettes basses. En le suivant, je découvre des lopins de terre sur lesquels les feuilles de choux verts étincellent de mille perles de rosée, et, en contrebas, une petite maison avec une cour cernée d'un muret en pierre. Au milieu de la cour ombragée, un homme confortablement installé dans un fauteuil de bambou bavarde avec une femme assise sur un tabouret de bois, occupée à coudre des boutons sur une chemise. Un coq blanc couronné d'une large crête rouge se promène orgueilleusement devant la maison tandis que deux ou trois poules picorent les graines entre les jambes de leurs maîtres. Je contemple longtemps ce tableau paisible qui me paraît d'autant plus irréel que les flots grondants du Yangtsé courent seulement à une dizaine de mètres plus bas.

Revenue dans la rue par le même chemin, je poursuis ma promenade tranquille. Tout à coup, un édifice blanc d'un aspect inhabituel attire mon regard. Retranchée derrière une grande porte aux barreaux de fer peints en bleu ciel, voilà une église catholique avec sa croix d'un beau rouge chinois ! Impossible de la visiter pour le moment parce que ses deux battants également peints en bleu sont fermés par un cadenas massif.

A une dizaine de pas seulement de l'église, s'élève comme

un contraste curieux une haute façade badigeonnée de pourpre sur laquelle est écrit en gros caractères blancs : « Qing-Jing-An », *temple de la Paix*, où vivent des bonzesses. Sa porte grande ouverte invite à entrer.

Une jeune bonzesse au crâne rasé est assise derrière une table sur laquelle sont disposés des bâtonnets d'encens de toutes les tailles. Je lui achète six gros bâtonnets que j'allume au feu d'une bougie rouge. Elle lance un regard inquiet sur mon appareil photo, recommande :

– Ne prenez pas de photo de Bouddha, car il rejette les flashes sur vous et ça vous apportera le malheur.

Je la remercie, range l'appareil, traverse la petite cour ornée de bosquets et d'un haut brûle-parfum en fer surmonté d'un pagodon avec une toiture bleue aux arêtes relevées en têtes de dragon. Je plante trois bâtonnets dans les cendres du brûle-encens dressé sur le perron, avant de franchir le seuil du temple de bois rouge sombre pour placer le reste des bâtonnets dans un autre brûle-encens posé sur la tablette devant la statue de Bouddha. Puis je recule de deux pas et murmure les mains jointes sur la poitrine : « Que le puissant et généreux Bouddha me protège durant mon voyage... »

C'est vers midi que je tombe sur le marché Empereur-Blanc grouillant de marchands de quatre-saisons, de ménagères et de paysans des environs. Dans ce bourdonnement de vie, on trouve légumes et fruits luisants d'une exquise fraîcheur, viande de porc, œufs, poissons, poulets, tofu, cartons alourdis de bouteilles de sauce de soja et d'alcool de riz, gros sacs débordants de champignons noirs séchés, de petites graines rouges de lycium, de fleurs allongées brun clair surnommées *aiguilles-d'or*, et d'épices de toutes sortes... Les gens sont très souriants. Comme je photographie une vieille vendeuse dont les cheveux blancs sont emprisonnés dans un fichu bleu, elle lève sept doigts et me confie avec fierté dans le dialecte du canton :

– J'ai soixante-douze ans cette année.

Après avoir fait un tour des étals, je quitte le marché et me lance au hasard des rues, laissant mon instinct guider mon regard et mes pas. Parfois, je retombe sur une rue que j'ai déjà traversée, mais je découvre toujours de nouveaux détails qui m'émerveillent.

Dans une ruelle, j'aperçois plusieurs échoppes de beignets tenues chacune par un couple : le mari pétrit et aplatit une pâte sucrée qu'il coupe en filaments puis tortille deux par deux, tandis que, postée devant une énorme poêle en fer et armée d'une paire de longues baguettes, la femme s'occupe des beignets qui flottent à la surface d'une friture bouillante. Quand les beignets sont dorés à point, elle les glane un à un, les laisse égoutter dans un van de bambou à gros trous, avant de les entasser dans un grand panier rond.

Par gourmandise, je leur demande s'ils veulent m'en vendre quelques-uns.

– Non, nous ne pouvons pas, me répond la patronne, c'est déjà retenu par les restaurants.

Plus tard, en passant devant le Bureau de la sécurité publique, je vois une dizaine de passants s'agglutiner autour de quelque chose. Poussée par la curiosité, je m'approche.

Dieu du Ciel ! je n'ai pas pu retenir un cri. Vêtu d'une veste rouge clair et enveloppé dans une couverture neuve à carreaux, un tout petit bébé est couché là, dans un carton. Abandonné. Ses cheveux sont noirs et touffus, sa lèvre supérieure fendue comme celle du lièvre. Plusieurs mouches se promènent sur son petit visage livide.

– La pauvre ! murmure une femme qui se penche sur l'enfant.

– Est-ce que ce genre de choses arrive souvent ? je demande à mi-voix.

– Quelquefois, malheureusement, dit-elle. Si la petite est bien faite, il y a toujours quelqu'un qui la ramasse et l'emmène chez lui. Mais si elle a une difformité...

Suffoquée, je m'enfuis à grands pas.

J'ai parcouru trois rues d'un seul souffle lorsque mes pieds sont retenus par un troupeau gazouillant de petits enfants qui jouent derrière un grillage bas.

Une petite école maternelle dotée d'un nom mi-chinois mi-anglais. Son hall étroit qui fait office aussi de salle de classe est décoré de fleurs en plastique et de dessins aux couleurs gaies. Sur le mur de fond, au-dessus d'un paysage de printemps, on a collé sept gros caractères découpés dans du papier vert brillant : « L'amour est la base de l'éducation. »

Je passe un long moment devant le grillage à assister aux jeux des enfants et à écouter la musique tonique de leurs voix, sans que, hélas ! leurs joues roses gonflées de santé et de joie puissent effacer de ma mémoire l'image d'horreur qui m'a bouleversée... Puis la maîtresse surgit, les petits empereurs retrouvent leurs petites chaises en bois et s'assoient sagement autour d'elle. L'heure de l'histoire.

Pour me changer les idées, j'entre dans une pharmacie minuscule à quelques dizaines de pas dans la même rue. Il y a deux grandes armoires en bois dans la boutique. L'une, noire et vitrée, renferme des centaines de bouteilles bien rangées ; l'autre, brune, contient des dizaines de petits tiroirs remplis d'herbes médicinales. Sur deux étagères sont alignés seize vases en porcelaine blanche dont le ventre rond porte une inscription tracée au pinceau. On voit aussi un lourd bureau de bois rouge sombre surmonté d'un petit mortier de bronze. Debout derrière son comptoir sur lequel traînent un boulier usé et une plume noire, le patron écoute avec attention une cliente parler de ses problèmes de santé. Ses cheveux blancs et ses yeux discrètement souriants à travers les verres épais de ses lunettes lui donnent un air de vieux sage. En attendant qu'il finisse avec sa cliente, je me mets à lire les noms des herbes inscrits sur les petits tiroirs. Chaque fois que mon regard rencontre un nom familier, je ressens un plaisir vif comme si j'avais retrouvé un vieil ami d'enfance pas revu depuis des années. Puis la cliente partie, le patron se tourne vers moi :

– Que puis-je faire pour vous ?

Je lui montre mes bras couverts de petits boutons rouges. Il les examine longuement, puis me demande si j'ai de la fièvre. Je fais non de la tête.

– Vous n'êtes pas de la région ?

– Non, je suis du Sud. C'est la première fois que je viens dans le Sichuan.

– A mon avis, me dit alors le petit vieillard charmant, ces boutons sont dus au changement brutal de climat et d'habitudes alimentaires. Peut-être aussi à la fatigue et aux soucis du voyage. Il n'y a pas à s'inquiéter. Ils disparaîtront tout seuls. Par contre, pour calmer les démangeaisons, je vais vous donner quelque chose.

Après l'avoir payé et remercié, je reprends mon chemin.

La rue file entre des échoppes de toutes sortes pour aboutir à une ruelle dallée. Large de moins de deux mètres. Les battants lourds des vieilles maisons qui la bordent sont tous grands ouverts, laissant entrevoir quelques meubles simples noyés dans la pénombre : un lit, une table, un banc, deux ou trois chaises basses. Les dalles érodées un peu glissantes sous mes sandales, une meule en pierre ébréchée ou un van de bambou troué que j'aperçois posés près de la porte au pied du mur, éveillent en moi des souvenirs lointains et tendres. De temps en temps, mon regard croise les yeux étonnés d'un homme qui pousse un vélo ou d'une femme qui promène un bébé devant sa porte. Je les salue d'un léger hochement de tête, aussitôt la surprise dans leurs yeux se transforme en un sourire délicieux.

Sur le pas d'une porte, une vieille dame est occupée à confectionner une paire de chaussures en toile rouge. Ses cheveux noués en un chignon de neige sur sa nuque. Un panier rond rempli de bandes de tissu aux couleurs vives à ses pieds.

Elle lève la tête à mon approche. Nous échangeons un sourire.

– Vous avez une bonne vue, lui dis-je.

– Je peux même enfiler une aiguille, dit-elle d'un ton fier. Asseyez-vous, s'il vous plaît, ajoute-t-elle en me tendant un tabouret.

– C'est pour qui, ces chaussures ?

– Qui porte encore ces chaussures faites maison à part les vieilles dames comme moi, hein ? sourit-elle en tirant sur le fil. D'où venez-vous ?

– De Liuzhou, une ville du Sud, très loin.

– J'ai été au Sud il y a quelques années. Un de mes petits-fils est dans l'armée. Il m'a fait venir à Fujian où son bataillon était cantonné. Les gens de là-bas sont très riches...

– Vous vivez ici depuis longtemps ?

– Plus de cinquante ans, dans cette maison, depuis que je suis mariée. J'ai soixante-quatorze ans cette année.

– On ne le dirait pas.

– Oh, c'est gentil de me dire ça.

– Savez-vous quand vous déménagerez pour la nouvelle ville ?

– Au dire des autres, avant 1997. Comme ma maison se situe au-dessous de cent trente-cinq mètres d'altitude, je serai parmi les premiers à être déplacés.

– Vous ne la regretterez pas, votre maison ?

– Cette vieille baraque ? dit-elle en farfouillant dans le panier. Non, sûrement pas. On est censé m'offrir un appartement neuf dans la nouvelle ville.

Elle sourit de toutes ses dents jaunies par le thé noir. C'est étonnant de voir qu'elle garde encore toutes ses dents à son âge.

– N'est-ce pas bien que je puisse encore profiter de mon nouveau logement pendant quelques années avant de partir pour le séjour des morts ? ajoute-t-elle, son sourire accroché au coin des lèvres.

– Savez-vous où se trouve l'emplacement de la nouvelle ville ?

– A Baotaping.

A ce moment-là, un homme qui nous écoute depuis un moment ajoute :

– C'est près de la cité de l'Empereur-Blanc. Si vous allez visiter la cité, de la route vous pourrez apercevoir le chantier.

L'homme doit avoir quarante ans.

– Vous habitez près d'ici ? je lui demande.

– Oui, dans la même rue, là, juste à côté.

C'est une maison d'un étage, en briques bleu-gris dont le rez-de-chaussée a été transformé en petit bazar où on trouve un peu de tout : alcool, bière, Coca-Cola, papier hygiénique, savon, sauce de soja, cigarettes, shampooing, lessive en poudre, bonbons, biscuits, allumettes, riz, nouilles, médicaments traditionnels à base d'herbes...

– La boutique est à vous aussi ?

– Oui. Je travaille dans une fabrique de sous-vêtements, mais, comme nos produits ne se vendent pas bien, je gagne seulement cent soixante-dix kuais par mois. Comment pourrais-je nourrir ma famille avec ça ? Le riz coûte maintenant trois kuais la livre, c'est affolant. Alors, pour faire un peu de sous, j'ai ouvert ce bazar.

– Et les affaires marchent ?

Il fait une grimace.

– Pas terrible.

– Serez-vous parmi les premiers à partir ?

– Oui, heureusement.

– Pourquoi ?

– Bah, parce qu'ils seront obligés de nous reloger mieux pour donner un bon exemple, sinon les autres ne voudront jamais déménager.

– Combien pensez-vous que l'on vous payera pour votre maison ?

– Eh bien, elle a été construite il y a neuf ans seulement, et comme elle est en briques, elle doit être classée dans la première catégorie. Il y a au total cinq catégories définies en fonction de la valeur de la propriété : les chaumières par exemple sont classées à la cinquième. Si je vendais ma maison au marché, ça devrait me rapporter douze mille kuais. Mais la compensation offerte par l'État sera sûrement bien moins élevée...

– Comment ça ?

– Bah, j'ai entendu dire que l'État ne donne aux autorités locales que huit mille kuais pour chaque personne à réinstaller, et que, après avoir déduit les frais administratifs, la somme ne dépasse pas cinq mille kuais par tête...*.

– Ce n'est pas beaucoup en effet.

– Et surtout quand on pense combien ça coûtera pour

* Selon le budget du projet des Trois-Gorges (1992), les frais prévus pour la réinstallation des émigrés sont, par personne, de 6 045 yuans à la campagne et 8 500 yuans dans les villes.

reconstruire une ville entière – outre les maisons d'habitation, les routes, les égouts, les hôpitaux, les écoles, les magasins, etc. –, on se demande comment cet argent pourra suffire.

L'homme hoche la tête d'un air sceptique.

– Mais, de toute façon, on devra nous fournir un toit...

– Si l'appartement qu'on vous offre ne se trouve pas au rez-de-chaussée, ou ne donne pas sur la rue, comment ferez-vous avec votre boutique ?

– Alors, j'échangerai mon appartement contre un autre moins grand mais qu'il me sera possible de transformer en boutique. Quoi qu'il arrive, je trouverai toujours un moyen. Il faut bien vivre, n'est-ce pas ?...

Oui, quoi qu'il arrive, il faudra vivre. Voilà une philosophie simple qui est profondément enracinée dans nos pensées traditionnelles et qui constitue la base de la capacité bien connue des Chinois à résister à toutes les vicissitudes créées par les hommes et les désastres naturels.

Après lui avoir souhaité bonne chance et, à la vieille dame, longévité, je les quitte pour continuer mon exploration.

La ruelle tourne à gauche. Dépassant un muret, je vois deux ou trois pyramides noires de charbon. Quelques ouvriers déchargent un camion à grands coups de pelle. Un peu plus loin, une vieille maison se distingue des autres par sa façade en bois finement sculptée et brunie par le temps. Puis un passage sombre et étroit me conduit dans une autre rue plus large.

Échoppe contre échoppe.

Vers 6 heures de l'après-midi, je retourne à l'Hôtel Kuimen. Il me faut préparer mon voyage de demain et j'ai aussi besoin d'un bon sommeil avant de me lancer dans une nouvelle aventure.

Alors que je franchis le seuil de l'hôtel, la réceptionniste m'appelle du comptoir.

– Excusez-moi..., dit-elle avec un petit sourire d'embarras. Mais j'ai oublié, ce matin... Il vous faut payer aussi l'assurance-vie.

– Quoi ?

Pour dormir une seule nuit à l'hôtel, il faut payer l'assurance-vie !

– Voilà, explique-t-elle en me montrant un bout de papier. L'ordre est venu du Bureau de la sécurité publique.

Quel drôle de moyen pour trouver de l'argent pour leur prime de fin d'année !

– Nous n'y pouvons rien, vous savez..., ajoute-t-elle d'un air impuissant.

– Combien alors ?

– Un kuai la nuit. Votre famille pourra toucher jusqu'à vingt mille kuais s'il vous arrive un accident mortel durant votre séjour dans l'hôtel...

– Voilà. A propos, savez-vous comment on peut aller à la campagne ?

– A la campagne ?... dit-elle en me jetant un regard curieux. Eh bien, vous pouvez prendre le minibus ou le taxi mais l'état de la route n'est pas brillant par ici.

LA RACINE DE LA VIE

Le taxi roule depuis plus d'une demi-heure sur une route de terre battue qui rampe en zigzags dangereux au flanc des montagnes. D'un côté, les rochers escarpés ; de l'autre, sur une longue pente raide, de petits champs de maïs et de patates douces durement arrachés aux montagnes, et plus bas, le cours ample et sinueux du Yangtsé. Quand deux voitures se croisent, l'une doit s'arrêter pour laisser l'autre passer. A chaque virage, on klaxonne comme un diable pour prévenir les véhicules venant en sens inverse, qu'on ne peut voir surgir qu'à la dernière seconde.

Le chauffeur, un quadragénaire de petite taille mais très costaud, est originaire de Kaixian*, un gros bourg que baigne la rivière Puli, qui erre à travers le canton avant de se joindre au Yangtsé à côté de Yunyang. Il a un visage bronzé et ouvert, des yeux en graines de soja. Quand il commence à parler, on dirait un moulin à paroles. Le regard

* Dans le bassin de Kaixian, 4 300 mous (environ 286 hectares) de champs cultivés seront noyés, plus de 70 000 personnes déplacées.

fixé sur la route et le pied au frein, il me raconte sa vie. Il a terminé ses études secondaires au début des années 70, au milieu du typhon tumultueux de la Révolution culturelle. Puis il a été envoyé aux champs pour « sculpter le globe » – description poétique donnée par lui de son rôle à la campagne. Quelques années plus tard, il est devenu ouvrier dans une cimenterie avant de s'enrôler dans l'armée, et c'est dans l'armée qu'il a appris à conduire. Ayant quitté l'uniforme militaire au bout de trois ans, il est venu s'installer à Fengjie.

– Et depuis combien d'années travaillez-vous comme chauffeur ?

– Depuis bientôt vingt ans. J'ai parcouru bien des routes pires que celle-ci, et par tous les temps. Faut avoir une sacrée chance, je l'avoue, pour passer tant d'années sur ces routes de montagne sans avoir connu d'accidents graves...

– Ça, je veux bien vous croire, lui dis-je en jetant un regard anxieux sur l'à-pic qui plonge dans les eaux bouillonnantes. Si on bascule dans ce gouffre-là...

Il sourit.

– Parfois, poursuit-il d'une voix calme, pour passer un endroit devenu trop dangereux après un orage ou un glissement de terrain, je paie un chauffeur local pour qu'il conduise. Je marche à pied derrière et ne reprends le volant que quand la route redevient praticable.

– Combien le payez-vous alors ?

– Ça dépend... de un à deux cents kuais en général. Dites, pourquoi venez-vous à la campagne ?

– Eh bien, pour voir quelques villages qui seront noyés

après la construction du barrage des Trois-Gorges, et pour rencontrer des paysans aussi.

– A vrai dire, ce barrage sera un désastre pour l'agriculture de la région. Figurez-vous que les champs noyés sont surtout ceux qui se trouvent le long des affluents du Yangtsé, c'est-à-dire les meilleurs. Après, qu'est-ce qui restera à ces pauvres paysans qui seront repoussés plus haut sur les montagnes ? Des parcelles de terre trop maigre pour faire vivre une famille. Pour les fils de ceux-là, il n'y aura que trois choix : faire des études supérieures puis chercher du travail ailleurs ; s'engager dans l'armée et par chance et dur travail y faire carrière ; ou bien rester et survivre dans la misère.

Son franc-parler m'impressionne. J'ai déjà remarqué que mes compatriotes s'expriment bien plus librement qu'auparavant, surtout quand ils se trouvent dans un train, sur un bateau, dans un hôtel, ou entre amis, c'est-à-dire hors du contrôle de leur unité de travail, mais les gens qui parlent avec une telle franchise, je n'en ai pas rencontré beaucoup.

La route vire brusquement vers le nord à l'endroit où la rivière de la Source-au-Jade vient se jeter dans le Yangtsé. Plus la route remonte le cours de la Source-au-Jade, plus l'eau devient claire sur un lit caillouteux. Au bord de la rivière, des potagers et des champs de maïs se déploient jusqu'aux villages nichés au pied des montagnes. Puis, soudain, la vallée s'élargit, laissant voir de grandes rizières qui verdoient, des étangs miroitant comme des plaques d'acier, des orangers, des arbres et des bouquets de bambous où se cachent des maisons paysannes aux tuiles noires.

– C'est magnifique ! m'exclamé-je, émerveillée par cette découverte.

– On pourrait rouler une heure, et vous verriez toujours le même paysage au bord de la route, dit le chauffeur. Dans le riche bassin de Kaixian, mon pays natal, les champs sont plus larges encore.

Il pousse un long soupir.

– Et ce sont ces terres-là, les meilleures, qui seront englouties, hélas !...

Il soupire à nouveau.

– Où voulez-vous descendre ?

– Au village de Hua.

– Comment le connaissez-vous ? ça n'est même pas marqué sur la carte.

– Eh bien, on en a parlé dans un bouquin. Le journaliste qui a écrit le reportage l'avait visité, il y a trois ans je crois.

– Combien de jours comptez-vous y rester ? Je pourrai revenir vous chercher si vous le voulez.

– Je ne sais pas, deux ou trois jours peut-être. Peut-être un peu plus.

– Ce n'est pas grave, il y a pas mal de minibus qui font la navette entre la ville et le bourg de Yi. Vous n'avez qu'à faire un signe de la main au bord de la route, et on s'arrête pour vous prendre.

Vers 11 heures, je dis au revoir au chauffeur de taxi sur le seuil d'une grande maison en briques grises. L'hôtesse, une paysanne qui frise la cinquantaine, est d'accord pour m'héberger quelques jours.

Je l'appelle tante Zhang.

Après avoir laissé mes affaires dans ma chambre au premier étage, je sors avec Wang, un garçon du village qui me sert de guide.

Wang m'emmène d'abord à une source limpide qui jaillit des entrailles de la montagne derrière le village.

– L'eau de la source est fraîche en été mais tiède en hiver. Et ça ne tarit jamais, même lors des grandes sécheresses. D'après les pépés du village, cette eau est très bonne pour le riz et les poissons ; et si on en croit les paroles des mémés, elle est la meilleure du monde pour la lessive.

En effet, il y a tout un réseau de petits canaux autour des maisons, qui, à travers le village, conduisent l'eau de la source pour alimenter les étangs et les rizières. Des femmes lavent leur linge dans les canaux, tandis que des hommes y puisent de l'eau pour la toilette et la cuisine.

– Qu'est-ce que c'est que ça ? fais-je en désignant une masse informe accrochée au bout de deux poteaux de bois plantés au milieu d'une pièce d'eau.

– Ce sont des porcelets morts. On les a placés là pour attirer les mouches. Plus tard, les animaux grouillant de vers se décomposeront et s'écrouleront morceau après morceau. Une nourriture excellente pour engraisser les poissons qui adorent les larves...

En descendant le long de l'un des canaux, je remarque une petite roue hydraulique en bois.

– Elle a été installée par un villageois pour sa fabrique

de nouilles familiale, m'explique Wang. Ça vous intéresse d'aller la visiter ?... Alors, par ici...

Nous pénétrons dans une bâtisse moitié en pierre moitié en brique, éclairée par une ampoule ballottant au bout d'un fil qui descend d'une grosse poutre sombre. Le sol de terre battue, comme les sacs et les paniers empilés dans un coin, est recouvert d'une fine couche de poussière blanche. Une machine rustique fonctionne au rythme de la roue hydraulique laquelle lui transmet le mouvement grâce à l'axe qui les relie et qui passe par un petit trou percé dans le mur du fond. Deux hommes s'affairent à côté, en bras de chemise et les pieds nus. Wang leur dit quelques mots dans leur dialecte, ils m'adressent un sourire.

– Celui qui est vêtu de bleu est le patron de la fabrique, m'explique Wang. Les paysans des environs lui apportent de la farine puis reviennent chercher des nouilles.

A la sortie de la bâtisse, on voit une grande maison à un étage et, devant la maison, une aire bien balayée où des nouilles de trois mètres de long sèchent au soleil pendues à de longues perches de bambou.

– C'est avec les profits de sa fabrique qu'il a pu construire cette maison, il y a quatre ans. Mais lui et sa famille sont parmi les premiers à être obligés de partir...

– Comment le prend-il ?

– Très mal bien sûr.

L'après-midi, après un déjeuner simple chez tante Zhang, nous allons voir Liu, un vieux paysan qui, selon

Wang, « sait beaucoup de choses ». Mais la porte de sa maison est fermée, Wang m'emmène alors chez son fils aîné. Là, la femme de Liu nous reçoit avec beaucoup de chaleur.

Leur fils aîné est hospitalisé à Fengjie depuis quinze jours pour une maladie de foie, s'excuse-t-elle, et son mari est parti ce matin lui porter des herbes médicinales prescrites par un vieux médecin du coin.

Comme la plupart des paysans du village de Hua, la famille Liu y vit depuis plus de six générations. Ici, la densité de la population est telle que les paysans possèdent par tête moins de sept fens de terres cultivées (environ 467 mètres carrés). A l'époque des fameuses *communes populaires*, ils n'arrivaient pas à manger à leur faim. Mais en 1981, le gouvernement s'est résolu à dissoudre les *communes populaires*, et les terres ont été redistribuées aux paysans. Depuis lors, beaucoup d'entre eux se sont lancés dans le commerce, l'artisanat, les transports de courte distance, ou d'autres productions plus lucratives que le riz (poissons, fruits, légumes, etc.). Vivent-ils mieux maintenant ? Mais évidemment ! Vous n'avez qu'à regarder toutes ces nouvelles maisons qui se multiplient depuis ces dernières années. Si Liu et sa femme vivent encore dans leur vieille maison en briques d'argile séchée, ce n'est pas parce qu'ils n'ont pas d'argent, mais qu'ils ont utilisé leurs revenus annuels et leurs économies pour envoyer leurs trois filles à Enshi pour faire des études.

– Deux ont déjà eu leur diplôme et trouvé du travail là-bas, me dit la femme de Liu avec une pointe de fierté

C'est extrêmement rare, et tout à fait admirable, ce qu'ils font pour leurs filles. Jeune citadine envoyée à la campagne moi-même pendant la Révolution culturelle, je ne connais que trop bien l'attitude générale des parents paysans envers leurs filles : « A quoi bon les envoyer à l'école ? vous diraient-ils. Elles quitteront la maison à l'âge du mariage et appartiendront aux familles de leurs maris. Seuls nos fils resteront et s'occuperont de nous quand nous serons vieux. »

– Que fait votre fils ? je demande à la femme de Liu, tout en sirotant un thé brûlant dans l'énorme gobelet qu'elle m'a offert.

– Il transporte des oranges jusqu'aux villes côtières du Sud pendant la saison de la cueillette et, le reste de l'année, il s'occupe de ses étangs et de ses vergers.

Elle montre un camion de quatre tonnes garé sur l'aire devant la maison, ajoute :

– Voilà son véhicule. Il l'a acheté il y a huit ans.

– Voulez-vous partir ?

– Partir ? Où ? Sur les montagnes ? Bien sûr que non ! Personne, affirme-t-elle avec force, personne ici ne veut déménager. D'ailleurs, de quoi vivra-t-on là-haut, hein ?

Wang l'approuve d'un hochement de tête.

Un reportage publié dans *Le Quotidien du Peuple*, en 1994 :

Au milieu d'avril, nous sommes allés en voiture à Huangjingka, un des trois hameaux d'émigrés créés au bourg de

Xiaoxita. Les émigrés venus de Shujia'ao (l'emplacement du chantier du barrage des Trois-Gorges) ont été reçus par l'entreprise Xunyang à Yichangxian. Selon le directeur général de Xunyang, ils ont installé 52 familles, 201 personnes... Li Kaijing, un émigré de trente ans, par exemple, a été nommé vice-président du syndicat de la compagnie et sa femme est employée comme comptable par la fabrique Banhuang. Ils sont logés avec leur enfant dans un appartement de quatre pièces (97,5 mètres carrés). Au total, déjà 43 familles émigrées habitent un appartement neuf comme eux.

Selon l'information fournie par les gens du Bureau du relogement de Yichangxian, ils ont créé dans leur région 17 villages d'émigrés qui ont accueilli 1 000 familles, 700 personnes. A Xiaoxita, plus de 200 entreprises ont fourni du travail à plus de 3 000 émigrés. Leur méthode : laisser la liberté de choix aux entreprises et aux émigrés eux-mêmes. La compagnie reçoit 8 000 yuans comme frais d'aide de réinstallation pour chaque émigré célibataire qu'elle accueille, et 10 000 yuans pour chaque famille qu'elle reloge...

Au hameau d'émigrés du bourg de Zhujia, la famille Zhou Bin fait l'envie de tout le monde : le 20 décembre l'année dernière (1993), le Premier ministre Li Peng et son épouse sont venus leur rendre visite chez eux. Quand nous sommes venus à notre tour, la femme de Zhou Bin nous a versé une tasse de thé et dit avec un sourire timide : « Je ne sais plus combien de journalistes sont passés chez nous. Comme vous pouvez le constater, nous vivons assez à l'aise. » En effet, leur appartement est spacieux, bien meublé et bien décoré. « Nous vendons nos bras aussi sur le chantier du barrage, a ajouté son mari, et nous vivons de mieux en mieux. »

En sortant de chez le fils de Liu, Wang me dit qu'il y a deux ou trois ans on a découvert dans le canton deux tombes millénaires, et qu'on a exhumé lors des fouilles une épée, des pots, des bijoux et une statuette en argile cuite qui représente un homme assis jouant d'un instrument à cordes.

– Les archéologues ont estimé qu'ils étaient vieux de plus de mille huit cents ans, dit-il d'un ton fier. J'ai été sur le site pour leur donner un coup de main et leur servir de gardien la nuit.

– Peut-on visiter le site ?

– Oui, mais c'est un peu loin, presque une heure à pied.

– J'ai l'habitude de marcher.

– Alors, on y va.

Nous descendons la route par laquelle je suis venue. Au fond de la vallée, la Source-au-Jade roule joyeusement sur son lit caillouteux, entre les grosses pierres rouges, vertes et noires, que le torrent a apportées des hautes montagnes lors des crues précédentes. Quelques femmes battent du linge dans l'eau claire, les bras et les jambes nus. De temps en temps, un tracteur nous dépasse, en secouant violemment une grappe de paysans entassés dans sa remorque.

– Si vous voulez, on peut y monter, me propose parfois Wang, je connais le conducteur.

– Non, je préfère marcher.

Le ciel se couvre peu à peu, puis de grosses gouttes de pluie froide commencent à tomber. Nous hâtons le pas.

Nous sommes trempés lorsque nous arrivons au village de Tai.

– Le site se trouve au flanc de la montagne derrière cette maison, dit Wang qui commence à grimper.

Je le suis pas à pas. L'averse a rendu le sentier très glissant. Je ne peux qu'avancer péniblement, en m'agrippant aux arbrisseaux, aux touffes d'herbe, aux arêtes des pierres.

– Voulez-vous qu'on se repose un peu ici ? me propose Wang quand nous atteignons la maison, vous êtes essoufflée.

Cette fois-ci, j'accepte bien volontiers sa proposition. J'ai les jambes qui tremblent et j'ai froid.

Une paysanne sort à notre rencontre.

– Nous sommes parents, dit Wang.

Après nous avoir installés sur des tabourets dans le salon, la maîtresse disparaît dans sa cuisine et revient deux minutes plus tard chargée d'une cuvette d'eau chaude, d'une serviette et d'un morceau de savon brunâtre. Une jeune fille la suit avec un petit panier rempli de prunes vertes qu'elle pose près de moi.

Cette spontanéité hospitalière me touche le cœur et me réchauffe.

La maison est en briques d'argile séchées et le sol, de terre battue. Ses murs couverts de fines fissures creusées par le temps font penser à la peau des mains d'un vieux laboureur. Sous les tuiles sombres, on voit cinq énormes pièces de viande suspendues à un bâton de bois. Chaque morceau doit peser au moins sept ou huit kilos.

– C'est une spécialité du pays, m'explique Wang. On tue un ou deux cochons à l'approche du Nouvel An, on fait mariner de grosses tranches de viande avec du gros sel pendant un mois, puis on les fume avec des branches de pin, et on les garde accrochées sous le toit toute une année...

A ce moment, un homme apparaît dans l'encadrement de la porte, un chapeau de feuilles de bambou à rebord large posé sur son crâne, une paire de sandales en plastique dans sa main.

– C'est le maître de la maison, me dit Wang.

L'homme me sourit, prend la cuvette, va se laver les mains et les pieds devant la maison, remet ses sandales, puis nous rejoint dans le salon.

A Tai, me dit-il, vivent plus de 1 600 personnes. Les terres cultivables sont insuffisantes, moins de 6 fens (environ 400 mètres carrés) par tête. Les paysans cultivent sur ces lopins une grande variété de légumes qu'ils vendent aux marchands de quatre-saisons de Fengjie. La première fois qu'ils ont entendu parler de la construction du barrage des Trois-Gorges et de l'émigration, ils ont d'abord compris qu'ils seraient réinstallés dans des villes où on leur fournirait à chacun un logement neuf et un travail stable. Ils étaient bien contents de cette perspective. Puis ils ont réalisé que c'est plus haut sur les montagnes qu'ils devront déménager, et les craintes commencent à les ronger : si une grande partie de ces terres déjà très insuffisantes sont noyées, de quoi vivront-ils ? On leur a dit de chercher de nouvelles terres arables sur les montagnes et de les défricher, mais les pentes sont bien raides et la couche de terre, bien mince – une pluie, ce sera l'érosion ; trois jours de soleil, la sécheresse. On leur a aussi promis un niveau de vie qui serait au moins le même qu'avant la construction du barrage sinon amélioré, mais comment peuvent-ils le croire ? Les paysans dont les maisons se trouvent au-dessous de 135 mètres d'altitude sont censés déménager avant 1997, mais jusqu'aujourd'hui – nous sommes à la fin de juin 1995 – ils ne savent pas encore où et avec quel argent ils pourront bâtir leurs nouvelles maisons. Que font-ils alors ? Ils attendent. Ils ne peuvent qu'attendre. Avec fatalisme.

Je suis profondément bouleversée.

Dans les journaux, à la radio comme à la télévision, on ne nous répète que des histoires réconfortantes de paysans heureux de partir, bien réinstallés, et très contents de leurs nouveaux logements. Mais ici, c'est une tout autre réalité.

Face à la douloureuse incertitude que révèlent la voix et le regard de mon interlocuteur, face à cette grande détresse que les paysans du village de Tai sont forcés de vivre quotidiennement, je me sens coupable d'être impuissante à faire ou dire quoi que ce soit qui puisse les en soulager, ne fût-ce que pour quelques instants.

L'histoire d'un village :

Beihuangzhuang (150 foyers) était le village le plus riche de Bashan, province du Shandong. Les paysans possédaient plus de 3 mous de terres fertiles (1/5 hectare) par tête, et vendaient à l'État 1 000 tonnes de céréales chaque année.

En 1958, on éleva un barrage à Bashan, sur le fleuve Yi. Le village fut déplacé du bord de l'eau au flanc de la montagne. N'ayant plus désormais que 2 fens de champs maigres (environ 133 mètres carrés) par personne et 40 kilos de céréales pour se nourrir une année entière, les villageois furent obligés de quitter leurs maisons pour aller mendier dans de grandes villes.

Dans les années 70, pour survivre, les villageois se décidèrent à faire l'impossible. Ils creusèrent de gros trous dans le ventre des rochers. Avec la force et l'opiniâtreté des désespérés. A l'aide de marteaux, forets, explosif et paniers. Jusqu'à ce que le dos dur de la montagne fût recouvert de petits cratères. Puis, en hiver, quand les grands froids gelaient tout, et que l'eau faute de pluies se recroquevillait au fond du réservoir, tout le village se mobilisait. Hommes, femmes, vieillards, enfants, tous descendaient au réservoir, chargeaient leurs paniers et brouettes de limon qu'ils transportaient ensuite sur la montagne pour remplir les innombrables cratères. Puis, ils y mettaient la semence...

Cela dura 7 années.

Plus tard, de la même manière, ils creusèrent sur les versants de la montagne des tranchées larges et profondes qu'ils comblèrent aussi de boue du réservoir, et ils y plantèrent des pommiers achetés avec l'argent de la vente de la pierre qu'ils avaient arrachée à la montagne, morceau par morceau...

Ainsi, en 1986, presque 30 ans après l'élévation du barrage, ils parvinrent enfin à se nourrir. A peu près. Leur revenu annuel par tête : 325 kilos de céréales et 540 yuans.

– Il ne pleut plus, me dit Wang, on peut repartir.

Comme nous sortons, le maître nous conseille d'emprunter le chemin étroit qui contourne sa porcherie.

Quittant la soue, le sentier gluant serpente d'abord entre des parcelles de terre en terrasses, où poussent maïs, patates douces, haricots verts et orangers, puis disparaît complètement sous des fougères et des ronces inextricables. J'ai dû confier l'appareil photo à Wang afin qu'il ne soit pas cassé au cas où mon pied glisserait...

Après plusieurs chutes pas trop spectaculaires, j'aperçois enfin le site archéologique. Ce n'est plus qu'une bosse de terre jaune sur le versant de la montage, à l'ombre de quelques arbres hauts, et entourée de broussailles. Je ne l'aurais jamais deviné si Wang ne m'avait accompagnée. En le contemplant, je pense à toutes ces tombes anciennes qu'on a trouvées le long des rives du Yangtsé et de ses affluents, et à bien d'autres qui doivent encore dormir en paix à six pieds sous terre... Combien d'entre elles seront englouties par l'eau, emportant à jamais les trésors et les secrets de notre Histoire qu'elles ont jusque-là préservés ?...

– Derrière ce pan de montagne, c'est le Grand Fleuve*, me dit Wang.

– Alors on se trouve déjà tout près de l'embouchure de la Source-au-Jade sur le Yangtsé ?

– Oui, à dix minutes à pied.

* Le nom chinois du Yangtsé, *Changjiang*, signifie littéralement « le grand fleuve ».

Après une descente plus difficile encore que la montée, nous rejoignons la route détrempée.

Le voilà ! Je grimpe sur un monticule et regarde.

Le Yangtsé coule majestueusement de l'ouest à l'est, la Source-au-Jade venue du nord fait ici un petit Z avant de joindre son doux murmure pastoral au grondement sauvage et immense du grand fleuve. Sur une langue de terre entre deux cours d'eau, se blottit un village entouré d'orangers et de champs de maïs.

– Mes beaux-parents vivent là, dans ce village. Mais tous les villageois devront être transférés bientôt.

– Comment vous êtes-vous rencontrés, votre femme et vous ?

– Par l'intermédiaire d'un ami. Mais, au début, ses parents étaient contre notre mariage.

– Pourquoi ?

– Parce qu'elle travaillait depuis quelque temps dans une fabrique de soie tandis que moi je n'étais qu'un paysan. Mais nous nous aimions et elle refusait systématiquement tous les partis proposés par ses parents. Au bout de trois ans, par crainte que leur enfant ne devienne une vieille fille immariable, ses parents ont fini par céder.

Un sourire de bonheur s'épanouit sur sa face. Qu'il est beau !

– Que fait votre femme à la fabrique ?

– Le travail le plus dur : tirer à la main les fils des cocons qu'on fait bouillir dans un grand récipient. Huit heures par jour et six jours par semaine. Et ça depuis son arrivée à la fabrique il y a six ans.

– Peut-elle rentrer à la maison tous les jours ?

– Non. Elle dort au dortoir de la fabrique pendant la semaine et ne revient que le week-end.

– Avez-vous des enfants ?

– Une fille.

– Quel âge a-t-elle ?

– Un an et demi.

– Avez-vous droit à un second enfant ?

– D'après la politique locale du planning familial, le couple qui a pour premier enfant un garçon, n'a plus droit à un second enfant ; mais si leur premier enfant est une fille, il est autorisé à avoir un second enfant lorsque la fillette aura atteint quatre ans.

– Mais si le second bébé est aussi une fille ?

– Eh bien, c'est difficile à dire...

– Y a-t-il des paysans qui abandonnent ou tuent des bébés filles ?

– Tuer, non, je ne pense pas. Mais abandonner, oui, certainement. Le plus souvent des gens mettent les bébés dans un carton et les placent dans des rues animées de la ville. Ainsi les passants peuvent-ils les remarquer et les ramasser...

Je n'ose plus continuer : le petit visage livide que j'ai vu sur le seuil du Bureau de la sécurité publique à Fengjie vient de repasser devant mes yeux.

Il est déjà sept heures du soir lorsque je reviens chez tante Zhang, mon pantalon ruisselant d'éclaboussures et mes chaussures gluantes de boue noire.

Tante Zhang est en train de laver une grosse tranche de porc fumé. Elle verse de l'eau chaude dans sa poêle géante, y ajoute une bonne poignée de lessive en poudre pour le lavage du linge, puis trempe la viande dans le liquide.

– La lessive, c'est pour enlever la poussière graisseuse, explique-t-elle en remarquant mon air étonné.

Elle frotte la viande longuement avec un torchon, puis la rince dans plusieurs eaux, avant de la placer sur la planche à découper.

– Vaut mieux aller vous laver et vous changer, dit-elle en remplissant un seau d'eau chaude, vos vêtements sont mouillés.

Je la remercie, monte prendre quelques affaires dans ma chambre, redescends dans la cuisine, empoigne l'anse du seau, et me dirige vers une bâtisse derrière la cuisine. Dans la bâtisse où une petite palissade faite de pieux sépare les toilettes de la porcherie, je me lave sous les yeux arrondis de trois cochons roses tachetés de noir.

Une fois mon linge lavé étendu sur une perche de bambou dans le corridor du premier étage, je redescends dans la cuisine.

– Mon troisième fils est revenu de Canton il y a deux jours, me dit tante Zhang. Il essuie sa bicyclette devant la maison.

Je sors et découvre un adolescent de seize ou dix-sept ans, habillé de la même façon que les garçons des villes de son âge.

– Bonjour, lui dis-je.

Il lève la tête, m'adresse un petit sourire timide.

– Ta maman m'a dit que tu es allé à Canton.

– Oui, j'y ai passé huit mois.

– Qu'as-tu fait là-bas ?

– De petits jobs à gauche et à droite...

Il est parti pour le Sud aussitôt après avoir terminé le cycle élémentaire des études secondaires*. Il a d'abord pris le bateau pour Chongqing puis le train pour Canton. Là, il travaillait dans des micro-entreprises privées et sur des chantiers de construction. Il partageait avec plusieurs *dagong* (journaliers) venus de la même province une pièce louée à prix fort mais peu confortable. Il y apprenait même à faire la cuisine – toute la chambrée devait mettre la main à la pâte. C'est là aussi qu'il a fêté, pour la première fois de sa vie, le Nouvel An chinois à plus de mille kilomètres de chez ses parents. Que faisait-il le soir ?... Bah, il se baladait avec d'autres garçons dans les rues plus animées la nuit que la journée, regardant les vitrines illuminées des boutiques et les filles. « Elles s'habillent mieux que celles de la région mais elles sont moins jolies ! » me confie-t-il. Parfois il jouait aux cartes avec des copains ou allait passer

* En Chine, les études secondaires = 6 ans ; le premier cycle ou le cycle élémentaire = 3 ans ; le second cycle ou le cycle supérieur = 3 ans.

une soirée au bar-karaoké... Oui, oui, il était assez bien payé par rapport à ce qu'il aurait pu gagner ici, et surtout, comme on dit ici, il a vu le monde !

– Repartiras-tu là-bas ?

– Certainement, affirme-t-il sans hésiter.

Le dîner est copieux. Riz, porc fumé, haricots verts, choux marinés, tofu, pommes de terre sautées, le tout très généreusement assaisonné de piment rouge et de poivre vert. Le fils aîné de tante Zhang et sa femme viennent se joindre à la tablée avec leur fille de huit mois.

Après le repas, tout le monde prend l'air devant la maison. Le mari de tante Zhang me prépare un gros gobelet de thé qu'il pose sur un tabouret près de moi.

– Cette montagne en face, de l'autre côté de la vallée, me dit-il d'un ton confidentiel, devrait s'écrouler quinze ans ou vingt ans après la construction du barrage.

– Quoi ? S'écrouler ? Cette montagne tout entière ?

– Oui, c'est bien ça, à cause de l'action de l'eau, affirme-t-il d'une voix sûre.

Très étonnée, je lui demande :

– Mais comment le savez-vous ?

– Nous avons hébergé quelques géologues à la maison. Ils sont venus faire de la prospection pour le projet des Trois-Gorges. C'est eux qui me l'ont dit.

Incroyable ! Si les géologues avaient raison, des milliers et des milliers de tonnes d'éboulis rocheux pourraient boucher la vallée entière, et la Source-au-Jade n'aurait plus d'issue... Que se passerait-il alors ?...

Attirés par nos voix, quelques paysans du village sortent

pour participer à la conversation. Ils parlent leur dialecte, mais en les écoutant avec attention j'arrive à comprendre une grande partie de ce qu'ils disent. Avec une gentillesse discrète, mon hôte se penche parfois à mon oreille pour m'éclairer sur quelques détails qui m'ont échappé... en mandarin.

Ils seront parmi les premiers à déménager, tante Zhang et son mari. Leur maison a été bâtie cinq ans plus tôt. Mais avant même qu'ils aient pu rembourser tous leurs emprunts ils devront déjà la quitter.

– Combien pourrez-vous obtenir comme compensation de vos pertes ? je demande à voix basse au mari de tante Zhang.

– D'après nos calculs, pour couvrir la perte de la maison, la perte des champs et des étangs qui nous rapportent environ 30 000 kuais par an, une famille de cinq personnes devrait recevoir au moins 100 000 kuais. Mais nous n'osons même pas en espérer le quart...

La nuit avance, les paysans rentrent se coucher les uns après les autres. Après que tout le monde est parti, j'aide tante Zhang à ranger les chaises et les tabourets. Elle fait encore un tour dans la cuisine pour s'assurer que tout y est en ordre. Puis, la porte verrouillée, nous montons l'escalier obscur à la faible lueur d'une lampe de poche.

J'enlève mes sandales, chasse les moustiques à grands coups d'éventail de bambou, fais tomber les rideaux de la moustiquaire, m'allonge sur la natte. Bien que je sois fatiguée, j'ai du mal à m'endormir. Je saute alors du lit, rouvre la porte, sors dans la galerie. Restée seule, les coudes appuyés à la balustrade et mon visage dans mes mains, je redécouvre la nuit de la campagne, ses parfums spéciaux dont mes poumons se gonflent avec avidité, son silence animé d'innombrables scintillements et nourri de mille bruits mystérieux.

Il y a de cela vingt et un ans déjà, date de ma première vraie rencontre avec la campagne, avec les paysans chinois. C'était vers la fin de la Révolution culturelle. J'avais juste achevé mes études secondaires. Comme des millions de jeunes citadins de ma génération, j'ai été envoyée dans une commune populaire du Sud, afin de m'y « forger un cœur *rouge* » (couleur révolutionnaire) par les gros travaux des champs. J'ai donc passé deux années de mon adolescence dans un petit village entouré d'une marqueterie de rizières et de collines au dos hérissé de pins et de camélias sauvages aux fleurs blanches. Pendant ces deux longues années, avec et comme les paysans, je transplantais les jeunes plants de riz, les pieds nus enfouis dans la boue grasse truffée de sangsues affamées, je participais aux sarclages et aux moissons, je vidais les fosses d'aisances publiques et transportais les excréments dans les rizières, je cultivais le tabac et le lin, je faisais pousser des légumes, je défrichais des versants de montagnes pour y planter la canne à sucre, j'élevais des cochons dont le lisier était destiné à engraisser les champs, je creusais des canaux d'irrigation, je coupais des branches d'arbres et fauchais l'herbe haute pour alimenter les fours à briques... Logée chez les paysans, je partageais aussi bien leurs repas simples que leurs banquets de fête, leurs soucis quotidiens que leur bonheur de vivre. Je la vivais également, leur union intime et profonde avec leurs terres. Ces terres fertilisées de leur sueur et fécondées de leurs semences. Ces terres porteuses des espoirs des générations successives. Ces terres témoins de leurs joies et de leurs peines de tous les jours. Ces terres sous lesquelles reposent leurs ancêtres dont l'esprit bienveillant continue encore de protéger les vivants.

Vingt siècles plus tôt, un de nos vieux sages écrivit : « La terre porte tous les êtres et toutes les choses ; le ciel montre tous les phénomènes de l'univers. La terre fournit les vivres ; le ciel indique les lois. Donc, il faut respecter le ciel et aimer la terre. »

Aimer la terre !

Un message de la nuit des temps.

Aimer la terre !

L'âme de l'ancienne sagesse chinoise.

Un scénario poignant, mais ce n'était pas dans un film catastrophe :

*Au milieu des années 60, un grand barrage est dressé sur le fleuve Hanshui à Danjiangkou, province du Hubei. Un jour l'eau envahit 72 000 mous de champs cultivés (4 800 hectares), et 382 000 personnes doivent être déplacées. Beaucoup de paysans refusent de quitter leurs terres mais l'eau arrive, s'élève inexorablement. Poussés par le déluge, les paysans grimpent sur les arbres, se réfugient sur les toits de leurs maisons... Puis les hélicoptères de l'armée viennent, les repêchent un à un...**.

* Après le déplacement, les paysans ne possédaient que 6 fens de champs cultivés (environ 400 m^2) par tête. 20 ans plus tard, en 1987, leur revenu annuel par personne n'était que 240 kilos de céréales,

Arracher les paysans à leurs terres, c'est leur enlever leurs bols, c'est couper les racines de leur vie.

Le lendemain matin, je suis réveillée par les ronflements d'un tracteur qui passe. Je monte sur le toit plat de la maison et regarde le paysage vêtu d'une tendre mousseline de brume. Quelques villageois sortent déjà pour donner à manger aux poissons. Des gamins sautillent sur la route, leurs cartables battant la hanche. Un marchand ambulant propose de porte en porte son tofu qui fume encore dans ses paniers de bambou...

Quelqu'un m'appelle.

– Le petit déjeuner est prêt, dit le fils cadet de tante Zhang.

Je n'ai pas encore fini mes nouilles aux haricots verts sautés lorsque Wang vient me chercher.

– Que faisons-nous aujourd'hui ? me demande-t-il.

– Je voudrais bien remonter la Source-au-Jade pour voir jusqu'où s'élèvera l'eau du lac de retenue.

– Alors, il vaudrait mieux prendre le minibus. A pied, il faudra au moins trois heures.

---

300 yuans. Environ 10 % d'émigrés n'arrivaient pas encore à manger à leur faim.

Nous attendons depuis presque une heure au bord de la route mais le minibus ne se montre toujours pas.

Un vrombissement. Au bout de quelques secondes, une mobylette s'arrête devant nous. Deux hommes en sautent.

– Voilà le directeur et le secrétaire du Parti du canton de Sheng, présente Wang.

Après quelques poignées de main chaleureuses, je leur explique avec prudence le but de ma visite.

Ils sont tout à fait conscients de l'importance et des immenses difficultés de leur tâche, me disent-ils. Dans leur canton, il y a au total 9 482 mous de champs cultivés. Quand le barrage sera achevé, 3 200 mous de leurs meilleures terres se retrouveront sous l'eau. Presque 4 000 personnes à réinstaller. Comment faire ? Ce ne sont pas les idées qui manquent, bien sûr. Transformer les pentes des montagnes en champs en terrasse, par exemple, monter une cimenterie – tous ces rochers autour des villages sont des mines inépuisables de matières premières, reconstruire la bourgade de Sheng – on pourrait y installer au moins un millier d'émigrés... Mais pour passer des idées aux projets réalisables, il leur faut de l'argent ! Beaucoup d'argent. Or, jusque-là, affirment-ils, ils n'ont pas reçu le moindre sou. Pourquoi ? Ils ne le savent pas. Quant à la promesse du gouvernement – chaque paysan émigré devra posséder au moins un mou (1/15 hectare) de terres fertiles –, ils ne se font pas d'illusion. « C'est simplement impossible ici », disent-ils.

Encore quelques poignées de main, ils enfourchent la mobylette et redémarrent.

Quel hasard cette rencontre ! me dis-je en les regardant disparaître au premier virage de la route.

Peu après, un taxi rouge apparaît. Le jeune homme assis dans la voiture voit Wang, demande au chauffeur de s'arrêter.

– C'est un ami, souffle Wang. Il travaille en ville.

Le jeune homme baisse la vitre, nous demande :

– Où allez-vous ?

– Au bourg de Yi.

– Nous n'allons pas si loin mais nous pouvons vous en rapprocher de deux kilomètres.

La portière s'ouvre. Nous nous installons sur les sièges arrière.

Au bout de quelques minutes, la voiture nous dépose devant un bazar.

La patronne, une paysanne d'une trentaine d'années, nous prête deux tabourets. Nous nous asseyons alors sur le pas de sa porte.

Au fond de la vallée, une camionnette bleue est garée sur la berge de la rivière. Trois hommes y ramassent de gros cailloux qu'ils hissent dans le véhicule. Plus loin, une benne chargée de charbon descend lentement sur des câbles tendus du sommet jusqu'au pied de la montagne.

– Il y a des mines par ici ? je demande à Wang.

– Oui, mais les gisements sont d'un accès difficile, et pas assez riches pour une exploitation industrielle de grande envergure. Alors, des paysans du coin ont créé des micro-entreprises pour les exploiter. Leur charbon est vendu jusque dans les provinces voisines... Ah, voilà le minibus, enfin !

Le bourg de Yi n'est pas grand : une rue principale, deux restaurants, quelques bazars serrés entre des maisons d'habitation, une clinique, une école, et deux blocs d'appartements dotés d'un mur d'enceinte en briques grises. Comme ce n'est pas jour de foire, on n'y voit guère de monde.

A la sortie de la bourgade, une petite route récemment tracée mène à travers les rizières jusqu'au fond de la vallée où s'élève un bâtiment blanc de deux étages.

– Voilà le bureau de la pépinière, me dit Wang.

– La pépinière ?

– Oui. Pour cultiver des plantes ornementales et des arbres destinés à décorer la nouvelle ville de Fengjie.

– L'eau ne montera pas jusqu'ici ?

– Non, elle s'arrêtera un peu en dessous. Nous pourrons aller jusqu'au bâtiment blanc et de là, redescendre à pied le long de la rivière.

Le cours étroit et sinueux de la Source-au-Jade est enserré de digues en pierres. L'eau est peu profonde. Les jambes du pantalon retroussées, on la traverse facilement. Mais une averse copieuse tombée dans la région en amont, me dit Wang, la transforme rapidement en un torrent écumeux, charriant boue, cailloux et blocs de pierre.

– C'est terrible, ça dévale comme un troupeau de chevaux débridés.

Moins de dix minutes de marche à partir de la pépinière, j'aperçois plusieurs fours à chaux au pied de la montagne.

– Ces fours appartiennent aussi aux petites entreprises paysannes.

– Leurs produits se vendent bien ?

– Beaucoup moins depuis ces deux dernières années.

– Pourquoi ?

– Eh bien, parce que les paysans qui vivent au-dessous de 185 mètres d'altitude ne peuvent plus obtenir l'autorisation pour bâtir de nouvelles maisons. S'ils le font quand même, non seulement ils perdront leur droit à la compensation mais ils devront payer une lourde amende.

Après les fours, les montagnes des deux rives s'éloignent d'un coup, la vallée ainsi élargie forme un grand bassin circulaire. Des deux côtés de la Source-au-Jade, les ondulations vertes des plants de riz adolescents courent très loin, jusqu'au seuil des maisons paysannes groupées au pied des montagnes.

– Voilà les plus grandes rizières du canton, dit Wang avec un large geste. Après la construction du barrage, l'eau arrivera jusqu'aux fours à chaux que nous venons de dépasser.

– Ces champs et ces villages seront donc perdus ?

– Oui, c'est ça.

Nous demeurons longtemps là, plantés comme deux poteaux de bois sur la digue de la Source-au-Jade, regardant en silence ces vastes champs et ces villages condamnés. Et au milieu de ce silence, la voix du chauffeur de taxi se fait entendre à nouveau, avec une résonance particulièrement cruelle : « Chez nous, les champs sont plus larges encore. Et ce sont ces champs-là, les meilleurs, qui seront engloutis »... Mon cœur se serre à m'étouffer.

Vers midi, nous revenons par le même chemin à Yi pour manger quelque chose. Puis, nous montons dans un autre minibus pour regagner le village de Hua. Environ une demi-heure après, nous descendons devant une échoppe.

– Si nous montons là-haut, propose Wang, vous pourrez avoir une belle vue sur la vallée.

Un sentier en zigzag nous conduit à un rocher noir cylindrique. Haut de trois ou quatre mètres, le rocher se dresse au milieu des orangers comme une colonne brisée gigantesque. En le contournant, je remarque qu'on a écrit des vœux à la peinture rouge sur sa peau raboteuse.

– Les paysans du coin aiment amener leurs enfants ici, m'explique Wang, pour qu'ils se prosternent devant le rocher et l'appellent « Père ». Ainsi, croit-on, ce père adoptif, symbole de solidité, protègera les petits contre toutes sortes de maladies.

Derrière la colonne cassée, le sentier continue de grimper entre des orangers qui portent de petits fruits cirés d'un vert sombre. Comme nous passons à côté d'une maison neuve inhabitée, Wang me dit de l'attendre un instant devant la porte. Il se dirige vers un paysan qui s'affaire dans le verger, échange quelques mots avec lui, revient me chercher.

– Les travaux de la maison ne sont pas encore terminés, me dit-il, mais son propriétaire nous autorise à monter sur le toit d'où l'on a une vue panoramique sur la vallée.

Il dresse contre la façade une échelle faite de branches

d'arbre ficelées, appuie les mains aux montants parallèles pour s'assurer qu'ils sont assez solides, puis les gravit avec précaution. Quand il se trouve sur le toit plat, il me tend une main :

– Allez-y, l'échelle est plus solide qu'elle ne le paraît.

Bien que mes jambes tremblent un peu sur les barreaux qui poussent de petits gémissements épouvantables, j'arrive à débarquer saine et sauve sur la plate-forme.

Vue d'en haut, la vallée me semble une mosaïque gigantesque de miroirs d'eau argentés et de rizières d'un vert lumineux découpées par les lignes jaunes des *tiangeng* – des levées de terre servant à conserver l'eau dans les champs. Le petit torrent de la Source-au-Jade traverse la verdure ainsi qu'une bande de soie scintillante de soleil. Plus haut, dans les feuillages des orangers plantés sur les versants des montagnes voltigent joyeusement des papillons multicolores – ce sont là des paysannes qui éclaircissent les fruitiers.

– Vous devriez revenir en novembre, dit Wang en souriant, le paysage sera encore plus joli avec les fruits dorés parmi les feuilles vertes... Voyez-vous ce rocher noir qu'on a contourné tout à l'heure ? Quand le barrage sera achevé, l'eau montera jusque-là.

– Si haut que ça !

Je ne sais pas si je pourrai revenir un jour mais je sais que cette mosaïque qui s'étend sous mes yeux, cette bande de soie étincelante, et une grande partie de ces jeunes orangers disparaîtront ; que la vallée entière ne sera plus qu'un vaste plan d'eau de soixante mètres de profondeur et d'une trentaine de kilomètres de long.

Comme nous redescendons, Wang m'invite à boire une tasse de thé chez ses parents.

Ils vivent dans une de ces vieilles maisons en briques de terre séchées qu'on rencontre souvent dans la région, sans étage et sans plafond, dont les vieilles tuiles se montrent nues à travers une carcasse de charpente poussiéreuse, et les murs peints à la chaux, tachés d'auréoles d'humidité jaunâtres.

Dès que nous avons franchi le seuil, la mère de Wang apparaît à la porte de fond, avec un sourire qui éclaire tout autour d'elle. Son mari est allé aux champs, s'excuse-t-elle en s'installant sur un tabouret à mon côté. Elle ne peut plus travailler à la suite d'une tuberculose osseuse qui l'a clouée au lit pendant des années. Toutes les économies de la famille ont passé en hôpital et en médicaments. Ce n'était pas pour rien, heureusement, se félicite-t-elle, car elle a retrouvé en partie l'usage de ses jambes.

Une petite fille dodue entre en trottinant, suivie d'une jeune femme portant une cuvette de linge lavé sur la hanche. Haute et mince, grands yeux, longue chevelure libre et flottante qui tombe jusqu'à la taille comme une cascade de soie noire. Qu'elle est jolie ! pensé-je.

– Voilà ma femme, présente Wang qui me met une tasse de thé dans les mains.

La jeune femme pose la cuvette, prend la petite fille dans les bras, vient s'asseoir avec nous.

Avec un sourire charmant, elle m'explique qu'elle est en vacances cette semaine, que si leur petite famille se loge chez les parents de son mari, c'est parce qu'ils n'arrivent pas à obtenir l'autorisation de construire leur propre maison. Comme ils sont parmi les derniers à partir – avant 2009 –, ils auront au moins une douzaine d'années à attendre avant de savoir si et où ils pourront bâtir leur nid. Quand donneront-ils un petit frère à leur fille ?... Eh bien, au lieu d'avoir d'autres enfants, ils préfèrent élever leur fille unique et l'élever mieux. Lui donner une meilleure éducation que celle qu'ils ont reçue eux-mêmes, et une meilleure chance dans la vie.

Je n'en crois pas mes oreilles. C'est la première et la seule fois dans mes vastes randonnées à travers la campagne que j'ai entendu un couple paysan dire qu'il se contente d'un seul enfant, une fille ! Est-ce là le signe d'un changement de mentalité dans le milieu rural ? Changement qui sera très lent, certes, mais qui mettra fin un jour à l'abandon de bébés filles ?

Une lueur faible d'un grand espoir.

Je prends la petite fille des bras de sa mère, la chatouille pour la faire rire. Que tu grandisses vite en beauté et en intelligence, que tu sois la joie et la fierté de tes parents... Comme si elle voulait me faire comprendre qu'elle a entendu mes souhaits muets, la fillette m'envoie sur les genoux un pipi tiède.

Le jour décline. Je pense qu'il est temps de retourner chez tante Zhang afin de ne pas l'inquiéter. Wang me raccompagne. Comme nous passons à côté d'un petit bois, il me dit :

– Quelqu'un a vu récemment dans les arbres un gros serpent de quatre ou cinq mètres de long. Les vieux du village interprètent cette apparition inaccoutumée comme le présage d'une grande inondation imminente.

– Comment ça ?

– Selon eux, le serpent qu'on a vu n'est en réalité qu'un petit dragon. Si le dragon apparaît, c'est qu'il désire se rendre au Yangtsé. Le fleuve va donc grossir et la crue va arriver jusqu'ici pour l'accueillir. Le canton a connu une inondation désastreuse en 1981, les eaux ont détruit la récolte et noyé beaucoup de maisons. Avant la catastrophe, on avait aperçu dans ce même bois un énorme serpent comme celui-là.

Le dernier jour de mon bref séjour à la campagne, je veux aller rendre hommage aux ancêtres du village où je suis logée.

Il n'existe pas de cimetière commun dans la campagne chinoise. Les paysans enterrent leurs morts dans leurs terres, parfois isolés, parfois groupés. Les funérailles s'effectuent suivant les rites ancestraux, qui peuvent être très différents selon les régions. Ils ont pourtant un point commun : l'importance primordiale qu'ils accordent au choix de l'emplacement du repos éternel. Car, croit-on toujours, la prospérité ou le déclin d'une famille dépend largement des influences fastes ou néfastes du terrain où celle-ci inhume ses aïeux. On raconte, par exemple, que Zhu Yuanzhang, le fondateur de la dynastie Ming, dut son règne au terrain favorable où il avait enterré ses parents. A l'âge de dix-sept ans, Zhu perdit ses parents dans une épidémie suivie d'une famine qui ravagea Fengyang, son pays natal. Trop pauvre pour payer des cercueils, Zhu enterra ses parents enroulés dans une natte de roseau. Zhu passa ensuite quelques années dans un temple puis s'enrôla dans l'armée des insurgés paysans dirigée par Guo Zixing. Plus tard il devint chef des rebelles et, après avoir écrasé toutes les autres factions de l'insurrection, il fonda la dynastie Ming en 1368 et se nomma l'empereur Hongwu. Il envoya alors un haut officier dans son pays natal pour y construire un tombeau impérial en l'honneur de ses parents. Après avoir visité la sépulture, cet officier déclara que si Zhu était parvenu au trône, c'était parce que, sans le savoir, il avait inhumé ses parents dans « la bouche du dragon* ».

Nous achetons une poignée de bâtonnets d'encens dans un bazar puis montons au flanc d'une colline où, éparpillés sur une pente douce dans l'herbe haute, reposent paisiblement une quinzaine de tombeaux à l'ombre des arbres et des bouquets de bambous. Les plus modestes n'ont qu'un gros tas de pierres parfois égayé d'un pied de roses sauvages aux petites fleurs rouge clair ou d'un bosquet d'*aiguilles d'or* aux longues corolles radieuses. Les autres, plus prétentieux, possèdent une large stèle en pierre noire rectangulaire ornée d'une gravure de dragon ou de phénix selon que le défunt est un homme ou une femme. Vue de loin, une stèle couleur de nuit encadrée d'une lourde bordure de ciment gris pâle donne l'impression d'une porte sombre fermée sur un au-delà terrifiant.

* Le dragon est le symbole de l'empereur chinois.

J'allume des bâtonnets d'encens que je plante devant chaque tombe.

– Elles devront toutes être déplacées, me dit Wang d'une voix basse et sifflante, comme s'il avait peur d'être entendu par les morts. Certaines d'entre elles ont été construites par les gens de la ville parce qu'ils ne voulaient pas que leurs morts soient brûlés*.

Puis, il se tourne vers l'est, me montre un champ de patates douces qui s'étend au pied d'une autre colline.

– Là, près du champ, se trouve le tombeau du grand-père de mon arrière-grand-père.

– Peut-on le visiter ?

– Oui. Par ici...

Nous empruntons un raccourci à travers des vergers.

– Si c'était la saison de la cueillette, souffle-t-il, je n'oserais pas me glisser comme ça sous les fruitiers. Les villageois pourraient nous prendre pour des voleurs et nous loger une balle dans les jambes.

Arrivés au champ de patates douces, nous croisons un paysan qui nous prête sa houe pour que nous nous frayions un passage jusqu'à la sépulture parmi les broussailles barbelées d'épines rouge sombre.

Sous le feuillage touffu d'un arbre à chapelet, voilà une tombe complètement différente de celles que j'ai vues tout à l'heure. Bâtie en pierre taillée et dotée d'une stèle de trois

* Dans les villes l'incinération des morts est encouragée pour ne pas dire obligatoire. Certains habitants qui répugnent particulièrement à la crémation transportent les corps de leurs défunts à leur village natal pour les y enterrer.

mètres de haut. La forme de la stèle sculptée imite l'architecture d'un porche ancien, porche surmonté de deux toits aux arêtes aiguës et relevées, et dont les tuiles portent sur leur extrémité circulaire un motif de fleur géométrique. Entre le toit supérieur et le toit inférieur qui est plus large, sont gravés sur une plaque de pierre horizontale trois idéogrammes signifiant « Éternité et Solidité ». Le toit inférieur surplombe une autre plaque de pierre verticale bien plus grande sur laquelle sont inscrits le nom du défunt, les dates de sa naissance et de son décès. L'ancêtre vécut sous la dynastie Qing, de 1815 à 1893. Une bordure épaisse, également en pierre, est ajoutée à la plaque verticale. Sur la bordure, on lit en haut une inscription gravée horizontalement, « Bonne chance et Bon voyage », et de part et d'autre un couplet de vers vertical : « De quelque côté que je porte mon regard je ne vois que les montagnes de Shu* », « Le fleuve de Chu** mille fois parcouru m'est devenu route familière ». A son tour, la bordure est soutenue par deux blocs de pierre taillée dont le bord en double courbe gracieuse adoucit l'austérité des lignes droites de la stèle. Comme je me penche pour ôter de la main la couche de terre fine que le temps a déposée, j'aperçois deux motifs de lierre élégants et deux dessins finement stylisés qui représentent une femme assise jouant d'un luth chinois devant un pavillon et, près d'une rocaille, un homme debout agitant un éventail.

* Shu : le surnom de la province de Sichuan.
** Fleuve de Chu : le Yangtsé.

L'ancêtre devait avoir beaucoup voyagé et être assez riche pour que ses descendants l'honorent d'un tel monument funéraire et de telles inscriptions. Ce qu'il y a de plus frappant dans ce tombeau, c'est qu'au lieu d'inspirer l'angoisse du mystère de l'au-delà ou la tristesse de la séparation éternelle, il ressemble plutôt, par le style de son architecture et de ses ornements, à un éloge de la vie.

J'allume un bâtonnet d'encens, le pique dans la terre molle que recouvre une couche épaisse de feuilles mortes. Une petite fumée laiteuse et odoriférante s'élève lentement, puis se dissipe au souffle de la montagne...

– Le déplacement du tombeau sera une affaire compliquée et bien coûteuse, m'explique Wang lorsque nous retraversons le champ de patates douces pour regagner le village. Il faudra d'abord réunir tous les descendants, ce qui ne sera pas toujours facile. Comme vous pouvez l'imaginer, la famille s'est multipliée je ne sais par combien depuis six générations... Puis il faudra choisir le terrain. Une décision épineuse. Si le choix n'est pas bon, ça portera malheur à toute la famille. Il y aura encore les travaux, les cérémonies, le partage du coût...

Nous passons devant une tombe entourée d'arbres fruitiers.

– Ah, voilà la tombe de mes arrière-grands-parents, dit Wang en s'inclinant pour dépoussiérer la stèle.

Puis, indiquant deux caractères parmi le fourmillement de noms des descendants, il me dit :

– Regardez, voilà mon nom.

Juste au moment où je me penche pour le lire, une voix lointaine nous parvient du côté du village. Wang se dresse et crie à une silhouette plantée au bord d'un étang quelques mots dont le sens m'échappe. Puis, se tournant vers moi, il dit :

– Vous souvenez-vous de Liu que vous n'avez pu rencontrer l'autre jour ? Il veut vous voir avant votre départ. Il nous attend chez lui.

Liu est un paysan d'une cinquantaine d'années. Avec son visage hâlé et carré, sa brosse de cheveux gris, ses petits yeux plissés et son front creusé de quatre rides profondes, il ne se distingue pas des autres villageois de son âge que j'ai rencontrés. Ancien chef d'une commune, il a été élu délégué au XIIe Congrès de l'Assemblée populaire de Fengjie.

On a entendu parler du projet des Trois-Gorges dès 1987, me dit-il. Le Bureau d'émigration de Fengjie a envoyé quelqu'un au village pour « faire des expériences limitées de réinstallation des paysans déplacés ». Expériences qui devaient servir, espérait-on alors, d'exemple pilote pour le canton. De 1988 à 1989, 35 000 kuais ayant été investis, les paysans ont transformé le versant d'une colline en verger en terrasse (60 mous au total, à savoir 4 hectares), élargi un sentier d'un kilomètre de long permettant aux tracteurs de monter jusqu'au sommet de la colline, et piqué le long de cette route étroite des poteaux électriques. Mais depuis, ils n'ont reçu aucune aide financière. Ils ont le sentiment d'être oubliés.

– Pourquoi on vous délaisse comme ça, à votre avis ? je lui demande.

– Eh bien, d'après ce que j'ai entendu dire au congrès, c'est à cause de la corruption.

La ville de Fengjie devant être déplacée, au début, il avait été décidé qu'elle serait reconstruite à Chaotang, certains dirigeants y ont alors acheté une grande quantité de terrains pour une bouchée de pain, et ils y ont fait venir leurs parents qui vivaient ailleurs à la campagne. Ainsi, projetaient-ils, quand plus tard se tracerait le plan de la nouvelle ville, ils pourraient revendre les terrains et rafleraient des profits importants, tandis que leurs parents campagnards pourraient obtenir automatiquement le statut de résident. Cependant, pour leur grand malheur, la prospection a montré que les conditions géologiques de l'emplacement choisi ne permettaient pas qu'on y construise de grands immeubles. Les spéculateurs ont alors proposé Baotaping comme second choix en espérant que, dans un proche avenir, l'expansion rapide permettrait d'étendre la nouvelle ville jusqu'à Chaotang. Mais le Bureau de l'aménagement hydraulique du Yangtsé n'est pas d'accord : Baotaping étant trop accidenté, il y faudra construire au moins quarante ponts pour créer un réseau de routes reliant les différents quartiers. Par contre, le Bureau de l'aménagement hydraulique du Yangtsé conseille de construire la nouvelle ville au village d'Eau-Limpide : les conditions géologiques y sont bien plus favorables et le coût des travaux réduit des deux tiers. Proposition à laquelle s'opposaient vivement les spéculateurs. Puis, après des négociations laborieuses, ces derniers ont gagné. Un nouveau Fengjie se dressera à Baotaping. Seulement, dans la fièvre de la spéculation, le travail pour aider à réinstaller les paysans qui seront déplacés a été négligé.

– Il faut bien que je vous dise la vérité, conclut Liu en pesant chaque mot, sinon j'aurai été indigne de la confiance des cinq mille huit cent quarante-deux paysans qui m'ont donné leur voix lors de la dernière élection locale.

Je lui demande encore de me préciser quelques points, puis nous sortons dans son jardin. Désignant le ruisseau clair qui contourne sa maison, il me confie :

– L'eau limpide qui passe devant la porte amène à la maison la paix et la prospérité. Si nous sommes obligés de partir, c'est cette source porte-bonheur que ma femme regrettera le plus.

Il me conduit au bord de l'eau pour me montrer deux plantes.

– Connaissez-vous cela ?

Les plantes portent des grappes de minuscules graines rondes et vertes. Je crois en avoir vu quelque part... dans les plats de légumes que j'ai mangés chez tante Zhang !

– C'est ça le fameux poivre du Sichuan ? je demande, émerveillée.

Dans les villes on le trouve séché, de couleur noire ou brun brûlé. J'en utilise aussi parfois pour la cuisson du bœuf, mais les graines vertes sont l'une de mes découvertes ici.

– Oui, vous l'avez deviné, affirme Liu en souriant.

Regardez de plus près et vous verrez les différences entre les deux plantes. Celle-là, plus haute, aux feuilles plus larges et aux graines plus grandes, est une variété sélectionnée dite améliorée. Elle donne plus de fruits en effet, mais ses graines ont un goût moins fort que l'autre. Nous cultivons la variété sélectionnée pour avoir un rendement plus élevé mais nous gardons l'autre pour notre propre usage.

Il détache de chaque plante une grappe qu'il me donne comme souvenir. Puis il cueille une douzaine de pêches qu'il fourre dans mes mains.

– C'est pour la route, dit-il.

Il pleut depuis midi. Le ciel bas est un immense couvercle uniformément gris qui pèse d'un horizon à l'autre.

Vers une heure de l'après-midi, après de rapides adieux à mes hôtes, je porte mon bagage au bord de la route. Wang a insisté pour m'accompagner.

Jusqu'à 3 heures, deux minibus en direction de la ville sont passés sans s'arrêter, ignorant mon bras levé dans la pluie. Wang essaie de me rassurer.

– Ils sont déjà trop pleins, dit-il, mais il y en aura sûrement un autre qui le sera moins.

Puis, vers 4 heures, lorsqu'il voit s'approcher un troisième minibus, il va carrément se planter au milieu de la route. Le véhicule s'arrête. Après une brève discussion avec le chauffeur, Wang se tourne vers moi.

– Ce minibus est aussi rempli que les précédents, dit-il,

mais le chauffeur est un ami, il est d'accord pour vous prendre.

Et pendant qu'il m'aide à monter dans le véhicule archibondé, il ajoute encore :

– Lui est un chauffeur prudent, il n'a jamais eu d'accident depuis qu'il a eu son permis de conduire il y a quatre ans.

La portière se referme. Le minibus s'ébranle. J'échange avec Wang un dernier geste d'adieu à travers la vitre barbouillée.

Son sourire sympathique, ces villageois dignes et d'une hospitalité adorable, ces maisons couvertes de tuiles sombres, ces étangs ridés de vent, ces rizières aux ondulations verdoyantes, ces montagnes à dos arrondi, cette course rapide et chantante de la Source-au-Jade à travers les champs, tout est à jamais gravé dans mon cœur...

La pluie a transformé la route montagnarde en une fondrière, creusée d'ornières profondes. Le minibus conçu pour accueillir quinze personnes s'essouffle effroyablement, menaçant à chaque instant de succomber sous la charge de ses trente voyageurs encombrés de sacs gonflés de riz, de paniers débordants de pastèques et de cartons remplis de bouteilles de bière vides. Parfois, pour contourner un éboulis rocheux, la coque fragile du véhicule effleure le vide vertigineux du gouffre. Debout en haut du marchepied, les mains agrippées au châssis de la portière, j'ai très mal à l'épaule droite où s'enfonce la courroie de plus en plus coupante de mon sac. A chaque bond du véhicule, mon estomac se serre un peu plus mais je ne parviens pas à détourner mes yeux du dehors comme ensorcelée par la beauté pathétique du paysage. Soudain, les roues avant du minibus s'engouffrent dans une crevasse en provoquant une secousse si violente que les voyageurs debout tombent pêle-mêle en poussant des hurlements de terreur. C'est aux mâchoires serrées du chauffeur et à ses doigts crispés au volant que je devine les efforts qu'il fait pour relancer le véhicule. Les roues patinent un moment dans la boue mais finalement l'entêtement essoufflé du moteur a raison de la résistance gluante. Le minibus continue de ramper au flanc de la montagne avec une lenteur haletante. Si jamais on a un accident sur cette route infernale, peu s'en sortiront vivants. L'espace d'une minute, je revois mes enfants, mon mari, mes parents et ma grand-mère, et je me souviens du retard de l'avion et du brouillard sur le Yangtsé qui prennent brusquement la dimension démesurée d'avertissements. Alors, comme tous ceux qui se sentent prisonniers d'une force extérieure trop puissante, j'essaie de me rendre un peu philosophe. De laisser le destin se charger de ma modeste personne. « Ce qui doit arriver arrivera, me répété-je à moi-même, ce qui ne doit pas arriver n'arrivera pas... »

Quel soulagement quand j'aperçois après un virage brutal les premières maisons de Fengjie ! Reconnaître ses rues que j'ai parcourues quelques jours plus tôt me donne une joie indescriptible.

A l'arrêt du minibus, je saute la première, paie double le chauffeur.

Si je suis rentrée entière à Fengjie, pensé-je en arpentant le trottoir brillant des averses passées, c'est sans doute parce qu'une force surnaturelle m'a protégée. Désormais donc, j'ai un devoir, celui de faire connaître ce que j'ai vu et entendu là-bas, le long des rives de la Source-au-Jade.

Près de l'Hôtel Kuimen, j'entre dans une boutique spécialisée en équipements photographiques, bavarde un peu avec le patron, achète deux films et une paire de piles. Cela me détend comme une petite coupe de champagne.

Le voyage de retour n'est plus qu'un mauvais souvenir dès que je revois le sourire de la réceptionniste et que je retrouve le même lit de la même chambre du quatrième étage.

Cette nuit-là, je remarque que mes petits boutons rouges ont disparu laissant seulement sur mes avant-bras quelques marques pas trop vilaines. Exténuée par la fatigue et l'émotion, je m'endors aussitôt que ma tête a touché l'oreiller.

LA CITÉ DE L'EMPEREUR-BLANC
ET UN RÊVE VIEUX DE SOIXANTE-TREIZE ANS

Suivant l'indication de la réceptionniste, je tourne à gauche en quittant l'Hôtel Kuimen, suis la rue principale qui monte en pente douce vers le nord. Au bout de la rue, la masse grise de l'Hôtel de la Mairie domine une grande cour où se groupent plusieurs bâtiments de l'administration municipale. Là, j'emprunte la rue de droite et continue deux cents mètres, jusqu'à une place rectangulaire composée de quatre terrains de basket et entourée d'une rangée de jeunes arbres. Les terrains de basket sont tous déserts mais, à l'ombre verte des arbres, je rencontre une foule de personnes du troisième âge – des hommes seulement. Certains jouent aux cartes, d'autres aux échecs chinois, d'autres encore devisent assis sur une pierre, une canne ou une béquille serrée entre les jambes.

Trois minibus sont garés dans la rue. Je grimpe dans l'un d'eux.

– Irez-vous à la cité de l'Empereur-Blanc ?

– Oui, répond le chauffeur.

– Un ticket alors.

– Deux kuais cinq maos.

Le minibus ne part qu'après que toutes les places assises ont été achetées.

A la sortie de la ville, une route goudronnée file vers l'est le long du Yangtsé. Le véhicule s'arrête encore plusieurs fois pour ramasser de nouveaux voyageurs. Puis, au bout d'une demi-heure environ, nous atteignons une bourgade.

– Terminus, tout le monde descend !

Sortie du minibus, j'aperçois tout de suite un énorme rocher escarpé sur la rive nord du Yangtsé. Le rocher s'allonge jusqu'au milieu du fleuve, formant ainsi une large baie à son pied. Deux escaliers abrupts taillés dans le rocher mènent au sommet où se dresse la cité de l'Empereur-Blanc, surnommée « cité de la Poésie » grâce aux nombreux poètes connus qui s'y succédèrent de l'époque Tang à la dynastie Qing.

Des porteurs de *huagans*, brancards réunis par une sorte de fauteuil en bambou, m'interpellent au pied de l'escalier :

– Allez-y, quinze kuais pour vous conduire jusqu'à la porte de la cité.

– Non merci, je préfère monter à pied.

A chaque palier, je croise des étals chargés d'herbes médicinales ou de petits souvenirs touristiques : colliers, éventails en papier peints, cailloux dits des « Trois-Gorges », petits bonshommes en bois, animaux sculptés en pierre... Sur un étalage je trouve des cartes postales mais la qualité du papier et de l'impression est si mauvaise qu'il ne vaut même pas la peine d'en demander le prix.

Du portail de la cité, une allée montante se déroule le long d'un haut mur enduit d'un badigeon rouge sombre rongé par la mousse et décoloré par les pluies. Le soleil tamisé par les feuillages des arbres séculaires étale sur le sol un long filet à mailles lumineuses. Au bout de l'allée, à gauche, un autre portail : l'entrée du temple de l'Empereur-Blanc. Un groupe de touristes pose sur le perron pour une « photo de famille », obstruant la voie. Il me faut donc attendre la fin de la séance pour pouvoir entrer.

N'ayant pas acheté de plan touristique, je fais comme d'habitude, je vais au hasard. Je m'aventure dans un sentier qui descend en contournant le temple de l'Empereur-Blanc pour aboutir à une sorte de terrasse qui offre une vue impressionnante sur Kuimen, l'entrée des Trois-Gorges.

Là, à environ cent mètres en contrebas, le vaste cours d'eau de plus d'un kilomètre de large s'engouffre furieusement dans un profond corridor de granit d'une centaine de mètres de largeur seulement. Deux montagnes – Chijia sur la rive sud et Baiyan sur la rive nord – flanquent comme une porte fantastique les flots gorgés de terre jaune qui roulent et mugissent, en colère d'être enserrés.

Un spectacle saisissant.

En le contemplant, j'ai l'impression de me trouver devant une peinture de paysage ancienne à laquelle je m'incorpore peu à peu, et que le temps retourne douze siècles en arrière...

C'est un matin de printemps. Le jour levant baigne le ciel et les toits de la cité de l'Empereur-Blanc dans une lumière d'incendie. Les branches noueuses des arbres séculaires craquent de sève nouvelle. Les bourgeons se gonflent, luisant de la pluie passée. Je suis Li Bai* jusqu'à une anse, monte avec lui dans une barque de pêche, le cœur attendri par la résurrection de l'univers. Le batelier largue l'amarre. Puis, tandis qu'emportée par le courant rapide comme une feuille de bambou, la barque légère descend le fleuve avec la vitesse de la flèche, j'entends le poète chanter :

Quittant la cité de l'Empereur-Blanc qu'enveloppent les nuages enflammés par le soleil levant,

En un seul jour la barque parcourt mille lis pour revenir à Jiangling.

Alors que les cris des singes jouant au bord de l'eau résonnent encore à mon oreille,

*La barque allègre a déjà laissé derrière elle des milliers de montagnes vertes***.

...

* Li Bai (701-762) : un des plus grands poètes de la dynastie Tang. Son ouvrage et celui de Du Fu sont considérés comme deux « sommets » de la poésie Tang.

** Envoyé en exil à la province de Guizhou en 759, Li Bai remonta le Yangtsé en bateau. Mais arrivé à la cité de l'Empereur-Blanc, il apprit qu'il avait été amnistié. Le cœur gonflé de joie, il redescendit le fleuve immédiatement pour rentrer à la capitale. Ce poème fut écrit durant son voyage de retour. De la cité de l'Empereur-Blanc à Jiangling : 1 200 lis, 600 kilomètres.

Coups de sirène. Je sursaute. Un bateau de croisière s'engouffre dans le couloir de rochers, grand comme un jouet.

Pour extérioriser l'émotion qui commence à m'oppresser, je récite plusieurs fois les vers de Li Bai à haute voix.

Revenue par une autre allée, je traverse d'abord plusieurs salles dont les murs récitent en dessins éloquents les épisodes importants qui ont marqué l'histoire des Trois Royaumes*. Puis je m'attarde devant deux autres salles, fermées par une vitre, et qui renferment un grand vase en porcelaine de la dynastie Song et des fauteuils lourds en santal rouge incrustés de jade qui étaient les sièges des dignitaires des Taiping**. Je découvre ensuite, émerveillée, une soixantaine de stèles exposant les styles de différentes écoles de la calligraphie sous les dynasties Shui, Yuan, Ming et Qing. Sur l'une d'elles, surnommée Stèle aux Trois Rois, sont gravés un sterculier à feuilles de platane, roi des arbres ; une pivoine en pleine floraison, reine des fleurs ; un couple de phénix à l'allure impériale, roi des oiseaux ; et un texte

* Trois Royaumes (220-280). Après l'effondrement de la dynastie Han à la suite des révoltes paysannes, trois généraux se partagèrent l'empire. Ce fut alors l'époque dite des Trois Royaumes : Shu (Han), Wei et Wu.

** En 1853, un mouvement paysan religieux anti-étranger, dirigé par Hong Xiuquan, fonda « l'Empire de la Grande Paix » (Taiping) à Nankin. Les puissances étrangères aidèrent les Qing à mater la rébellion en leur fournissant des volontaires, des armes et des munitions (1861).

court, ciselé à la verticale. Le premier paragraphe du texte résume brièvement l'origine de la cité : durant les premières années de notre ère, Gong Sunshu, souverain du royaume Shu, fit construire une petite ville sur le rocher. Il y eut dans la ville un puits d'où on vit s'élever une fumée blanche. L'interprétant comme un dragon blanc qui s'envolait vers le ciel et qui présageait la naissance d'un nouvel empereur*, Gong Sunshu nomma sa ville la *cité de l'Empereur-Blanc.* Dans les deux derniers paragraphes, le peintre raconte d'abord une anecdote du célèbre stratège Zhuge Liang**, puis explique qu'il a pris le pinceau lors de sa visite sur le site au cœur de l'hiver, la dixième année du règne de l'empereur Guangxu, dynastie Qing. Mais la stèle la plus curieuse est sans doute celle qu'on appelle stèle aux Feuilles-de-Bambous. Vue de loin, on ne voit qu'un simple bosquet de trois frêles bambous aux feuilles longues et pointues, mais pour l'œil habitué à l'art de la calligraphie chinoise, un moment de contemplation les animera, les recomposera, et les transformera en un poème classique de quatre vers.

Après avoir fait le tour des pierres parlantes, j'arrive au temple de l'Empereur-Blanc, bâti sous la dynastie Ming. Là, une jeune fille est en train de décrire à un groupe de

* Les empereurs chinois se nommaient « Zhen Long Tian Zi » qui signifient littéralement « Vrai Dragon Fils du Ciel ». Le siège impérial était donc appelé « siège du dragon », leur habit « blouse du dragon », leur couronne « couronne du dragon »...

** Zhuge Liang (181-234) : conseiller de Liu Bei, fondateur et souverain du royaume Shu (Han).

touristes les dernières minutes de la vie de Liu Bei, qui s'éteignit dans la cité après une grande défaite contre l'armée du royaume Wu : « Sachant qu'il n'avait plus que quelques heures à vivre, Liu Bei appela Zhuge Liang à son chevet, lui confia en sanglotant les affaires de son royaume et ses trois jeunes fils... » Les visiteurs l'écoutent d'un air grave. La voûte aux poutres noires semble vibrer sous l'assaut de sa voix métallique. Puis l'histoire terminée, la jeune fille mène paître son troupeau ailleurs, je me recueille un moment devant les statues de ces personnages légendaires que ma grand-mère m'a fait connaître avant même que j'aie su lire.

Devant le perron du temple et perdu dans les arbustes, se trouve un vieux puits hexagonal cerné d'une petite enceinte badigeonnée en rouge sombre. Au milieu du puits a été plantée par les restaurateurs modernes une colonnette sur laquelle s'enroule un dragon en marbre blanc sculpté. Comme pour aller jusqu'au bout de leur fantaisie, ils ont creusé à quelques mètres de là un autre puits où ils ont érigé une colonnette terminée par une sculpture de phénix, également en marbre blanc. N'aurait-il pas mieux valu laisser ce puits millénaire tel qu'il était, et un peu de place à l'imagination de ceux qui le contemplent ?

Plus tard, j'entre dans une cour assez large, traversée d'une galerie peinte en bleu foncé et rouge sombre. Là, penché sur une plaque de pierre d'un mètre sur un mètre cinquante que supportent deux bancs étroits, un artisan est en train de graver un texte.

Je m'arrête pour le regarder travailler. Il lève son front mouillé, nous échangeons un sourire.

Il devra ciseler trois cents caractères sur cette stèle, me dit-il, ça prendra une ou deux semaines. Il pratique ce métier depuis presque vingt ans déjà, à savoir la moitié de sa vie. Non, il n'est pas calligraphe lui-même, mais avec son ciseau il est capable de reproduire les écritures des diverses écoles calligraphiques à travers le temps.

– Regardez, dit-il en montrant deux grands pans de mur blanchis à la chaux, incrustés d'une quinzaine de stèles en pierre noire. Tout ça, c'est moi qui l'ai fait.

Il n'y a pas que des poèmes et des couplets en belle écriture, travail de calligraphes réputés, mais aussi de jolies peintures.

– Cette collection m'a pris deux années, ajoute-t-il d'un ton fier.

– Avez-vous des apprentis ?

Il plisse ses yeux sur moi.

– Vous avez l'intention d'apprendre le métier ? plaisante-t-il.

– Oui, j'aimerais bien si j'avais le temps.

Un large sourire lui fend la bouche jusqu'aux oreilles.

Des touristes commencent à s'agglutiner autour de nous avec un air curieux. Pour que le graveur puisse continuer son travail en toute tranquillité, je lui dis au revoir et m'éloigne rapidement.

A l'autre extrémité de la cour, j'aperçois une petite boutique de souvenirs. Les murs y sont entièrement recouverts de peintures à l'encre chinoise : bambous dont la droiture des tiges symbolise l'honnêteté à toute épreuve ; fleurs de pruniers qui, épanouies en plein hiver comme un défi intrépide à la rigueur du froid, incarnent le courage et la ténacité ; pivoines dont les grosses fleurs aux couleurs vives donnent une image évocatrice de la prospérité ; pins qui, par leurs branches tordues et leur feuillage persistant, rappellent une longue vie à travers les vicissitudes et constituent un souhait de longévité... On voit aussi des jeunes femmes en costume ancien au regard mélancolique, des paysages des Trois-Gorges et des estampes de gravures lapidaires.

Le patron est un homme maigre, entre quarante et quarante-cinq ans. Venu de Guilin, il est visiblement heureux de découvrir que j'ai vécu enfant dans sa ville et que je parle assez bien son dialecte.

– Ces peintures, me dit-il d'un ton de confidence, ne sont pas faites par des grands maîtres mais par des peintres régionaux, professeurs de l'Institut des beaux-arts. Après qu'ils me confient leurs œuvres, je les envoie à un atelier spécialisé pour les entoiler et les monter – l'entoilage d'un tableau est un travail très délicat qui exige des années d'expérience. Un bel entoilage coûte extrêmement cher comme vous devez vous en douter mais ça met en valeur la peinture. Il y a des gens qui vendent des tableaux peints directement sur des bandes de tissu synthétique, histoire de faire des économies, mais c'est affreux ! ça dévalorise le travail de l'artiste. Qu'en diriez-vous, par exemple, si on vendait le parfum dans une bouteille de sauce de soja, hein ? Moi, je n'expose dans ma boutique que les peintures bien entoilées et bien montées. Vous pouvez me faire confiance. Si j'arrive à vendre une toile, le peintre pourra toucher de soixante à quatre-vingts kuais tandis que moi, de vingt à trente kuais après les frais d'entoilage. Cela ne fait pas beaucoup parce que je dois payer aussi le loyer et les deux employés de la boutique. Quant aux tableaux qui ne réussissent pas à trouver un acheteur, ils seront rendus aux auteurs.

– Le commerce marche-t-il bien ?

– Oui, assez. Nous avons pas mal de clients depuis ces dernières années, après l'annonce officielle des travaux des Trois-Gorges. Imaginez-vous, le site unique des Trois-Gorges disparaîtra à jamais après la construction du barrage. Qui ne veut profiter du temps qu'il reste encore pour venir le visiter et faire ses adieux aux héritages de nos ancêtres, hein ? Le boom du tourisme nous fait faire des affaires, heureusement ! D'ailleurs, des tableaux de cette qualité et de ce prix, je vous jure, on ne les trouvera nulle part ailleurs.

Puis, après un silence calculé, il reprend avec un geste large :

– Comme vous venez de la même région que moi, je vous accorderai une réduction de quinze pour cent sur tout ce que vous achèterez.

Je lui dis alors que j'aimerais bien acquérir quelques peintures de paysage mais celles qui sont accrochées sur le mur ne me donnent pas envie d'ouvrir mon portefeuille.

– J'en ai d'autres, venez avec moi.

Il me conduit dans l'arrière-boutique, une pièce sombre

d'environ trois mètres sur quatre. A voir le lit étroit dressé dans un coin et le linge masculin tendu sur une corde, je réalise que cette pièce fait office de logement temporaire du patron et que sa famille doit vivre à Guilin, à plus de mille kilomètres.

Il desserre la bouche d'un gros sac de chanvre posé au pied du lit, en sort des dizaines de rouleaux. Après avoir jeté un regard rapide sur les mots inscrits sur l'extrémité noire de chaque rouleau, il en tire cinq ou six qu'il déroule avec habileté.

– Alors, les professeurs ne font plus que ça maintenant ? je plaisante.

– Que voulez-vous ? Leur salaire n'est pas élevé, tout le monde le sait. S'ils ne trouvent pas de nouvelles sources de revenus, ils n'ont même pas assez d'argent pour payer le papier, l'encre et les pinceaux !

Finalement je choisis deux paysages de la rivière Daning, un affluent qui se joint au Yangtsé à Wuxia, la deuxième des trois gorges, une « fleur de pivoine », une estampe de la stèle aux Trois-Rois, deux « fleurs de pruniers » – l'un à la floraison rouge et l'autre blanche –, et deux petits morceaux de pierre veinée dite *pierre de la montagne de la Longévité* dont je voudrai me faire faire des cachets personnels.

– Voudriez-vous mettre ces tableaux de côté pour moi ? demandé-je au patron, je reviendrai les chercher tout à l'heure.

– Ne vous inquiétez pas, j'en ferai un paquet pour vous. Dites, si je vous invitais à manger à la cantine ?

– Non merci, j'ai un casse-croûte.

Il est presque midi. Le soleil tape dur. Je continue ma balade en m'aventurant dans toute allée qui s'offre à mes pieds. Soudain, une pancarte accrochée à l'entrée d'une salle attire mon attention : « Le barrage des Trois-Gorges en miniature. »

Voilà une jolie surprise ! me dis-je en approchant à grands pas.

J'achète un ticket et, précédée d'une jeune guide, je franchis le seuil de la salle d'exposition.

Au milieu de la salle est placée la reproduction miniature de la région piquée de montagnes vertes et traversée d'une bande bleu clair qui représente le cours sinueux du Yangtsé. C'est à Xilingxia, la dernière des trois gorges, que le fleuve est coupé par un barrage colossal, le futur barrage des Trois-Gorges. A quelques dizaines de kilomètres en aval, près de Yichang, on voit un autre barrage massif, le Gezhouba, élevé dans les années 70 et 80.

– Dompter les eaux du Yangtsé dans le défilé des Trois-Gorges, énonce la guide, est un rêve vieux de soixante-treize ans...

Je détourne mon regard de la maquette pour le promener sur les murs chargés de portraits, de photos et de commentaires.

Sun Yatsen, père de la première république chinoise et fondateur du Parti nationaliste.

Je contemple longuement son portrait, l'une des images

mythologiques qui règnent sur notre histoire du XXe siècle. Ses yeux pensifs semblent traverser l'espace et le temps pour se fixer sur quelque chose d'invisible, loin dans l'avenir.

Tout commença en 1918 lorsque dans son ouvrage intitulé *Le Développement international de la Chine*, Sun Yatsen suggéra pour la première fois de bâtir une série de barrages sur les 600 kilomètres du Yangtsé, entre Chongqing et Yichang. Cela permettrait, croyait-il, de développer un vaste réseau de transport fluvial reliant le bassin Rouge, les provinces du nord et les régions du sud, qui ferait fleurir le commerce. Le peuple chinois devrait en bénéficier énormément.

Après la mort de Sun Yatsen et jusqu'en 1945, à deux reprises et avec l'aide des Américains, plusieurs comités du gouvernement nationaliste de Nankin firent des études de faisabilité sur la construction, dans le passage des Trois-Gorges, d'un grand barrage multi-usage – produire de l'électricité, améliorer les conditions de la navigation sur le fleuve et maîtriser les crues dans les régions situées en aval. Deux rapports favorables furent établis à la suite de leurs études et une exposition organisée à Chongqing.

Puis, en 1949, face à la poussée massive de l'Armée populaire de libération dirigée par le Parti communiste, les troupes du Parti nationaliste se replièrent à Taïwan et y constituèrent un gouvernement. Le Parti communiste prit le pouvoir en Chine continentale et proclama la République populaire.

Une photo agrandie montre Mao Zedong, premier président de la nouvelle république, remontant le Yangtsé en 1953 à bord d'un navire militaire qui porte le nom du fleuve. Ce voyage raviva en lui le vieux rêve de Sun Yatsen. Mao se trouvait alors dans la cabine de pilotage avec Lin Yishan, directeur du Bureau de l'aménagement hydraulique du Yangtsé, qui lui expliquait les mesures à prendre en vue de minimiser les risques et les dégâts des inondations dans le futur. Tout à coup, Mao retira son regard des eaux boueuses pour le poser sur le visage de son interlocuteur, ancien militaire de carrière. « Loin dans le passé, dit le Président avec son accent marqué de la province de Hunan, Sun Yatsen a déjà pensé à aménager les Trois-Gorges... Pourquoi ne pourrions-nous pas faire converger nos efforts pour y construire un grand barrage ? » Outre la production d'électricité, le développement du transport fluvial et le contrôle des inondations, Mao pensait aussi à un autre avantage que pourrait donner « le plus grand barrage du monde » : la déviation de l'eau du Yangtsé vers la plaine vaste et sèche du nord de Chine, où le manque d'eau commençait à peser sérieusement sur les activités économiques et sur la vie quotidienne dans les grandes villes telles que Tianjing et Pékin.

L'année suivante, une inondation catastrophique ravagea les provinces en aval du Yangtsé : récoltes et maisons détruites, usines et chemins de fer noyés, plus de 40 000 morts (les trois quarts noyés, un quart périt dans l'épidémie à la suite de la catastrophe), presque 2 millions de sinistrés. L'aménagement du fleuve parut donc plus urgent que jamais.

Ainsi, en 1955, les experts venus d'une trentaine d'universités et d'organisations gouvernementales entreprirent des études et des prospections géologiques d'une envergure sans précédent sur le projet des Trois-Gorges.

Puis, le 1er juin 1956, Mao se rendit à Wuhan. Là, en compagnie du secrétaire du Parti communiste de la province du Hubei, Mao traversa le Yangtsé à la nage. Il avait alors soixante-deux ans. Après cette traversée mémorable, il écrivit un de ses poèmes les plus connus, *Nager.* Dans ce poème, il exprimait explicitement son désir de voir s'élever le barrage des Trois-Gorges et apparaître un immense lac de retenue qui devrait étonner le monde entier.

Au mois de janvier 1958, Mao réunit à Nanning les plus hauts responsables de son gouvernement, à savoir les membres du Bureau politique du Comité central du Parti. Vers la fin de la réunion, lorsque Mao proposa d'écouter le rapport de Lin Yishan, partisan acharné du barrage des Trois-Gorges, Zhou Enlai lui suggéra d'écouter aussi Li Rui, alors directeur du Bureau général de l'énergie hydraulique, qui était expert en mécanique, en énergies électrique et hydraulique, et un opposant farouche à l'édification de tout barrage dans les Trois-Gorges.

Mao accepta la suggestion de son Premier ministre.

Lin prend la parole le premier. Avant de venir, il a rassemblé, avec l'assistance des spécialistes qui l'entourent, toutes les données nécessaires pour soutenir son point de vue. Selon lui, la priorité de l'aménagement du Yangtsé doit être accordée aux ouvrages de protection contre les crues. Or un barrage élevé dans les Trois-Gorges fournira le rempart idéal qui, en retenant les crues en amont du Yangtsé, pourra les empêcher d'inonder les régions en aval. De surcroît, cela permettra non seulement aux navires de haute mer de remonter le fleuve jusqu'à Chongqing, mais aussi de construire la plus grande centrale hydraulique du monde. Ainsi, conclut-il, pourrons-nous à la fois produire beaucoup d'électricité dont a tant besoin le développement économique du pays et résoudre une fois pour toutes le problème des inondations. Le barrage des Trois-Gorges sera donc, croit-il, un grand ouvrage pour le bien-être de dix mille générations de Chinois à venir.

A son tour, Li se lève. Prévenu à la dernière minute, il n'a pas eu de temps pour préparer son exposé mais en présence de Mao et de son bureau politique qui se montrent impatients de voir s'élever le barrage, il fait preuve de compétence professionnelle et d'un courage rare. Son honnêteté et sa conscience de scientifique l'obligent à dire ce qu'il croit être la vérité. A son avis, afin de protéger les provinces en aval du Yangtsé contre les inondations, il faut commencer par aménager ses nombreux affluents et ses grands lacs-déversoirs pour leur permettre de réguler la hauteur des eaux avec plus d'efficacité. Négliger ces travaux d'une importance capitale et donner la priorité à la construction du barrage, c'est mettre l'accessoire avant l'essentiel. D'ailleurs, explique-t-il, comme le barrage des Trois-Gorges ne pourra retenir qu'un quart à un tiers de la totalité des crues du Yangtsé, il se révélera inefficace pour les contrôler. Les inondations dans les régions en aval sont dues aux brusques pluies diluviennes qui s'abattent dans ces régions et aux désastres créés par les hommes – érosion des sols due à la disparition des forêts montagnardes, absence de dragage des rivières, lesquelles ne peuvent plus évacuer les eaux, drainage des lacs-déversoirs afin de gagner de nouveaux champs arables... Donc, il serait irréaliste de penser, et tout à fait irresponsable de faire croire, qu'un grand barrage élevé dans le passage des Trois-Gorges sera une garantie efficace et éternelle contre les inondations catastrophiques dans le bassin du Yangtsé...

Cet affrontement fut décisif. C'était la première fois qu'une opinion défavorable à propos du barrage des Trois-Gorges parvenait jusqu'à l'organe de prise de décision. Si l'analyse précise et les avertissements alarmants de l'opposition ne désarmèrent pas le zèle des frénétiques du barrage comme Lin Yishan, au moins ils « refroidirent » l'ardeur du Président et des autres leaders du Parti qui décidèrent finalement de remettre le projet à plus tard*.

Deux mois après cette réunion, Zhou Enlai remonta le Yangtsé à la tête d'un groupe réunissant une centaine de responsables du Parti mêlés d'experts chinois et soviétiques. Le barrage des Trois-Gorges fut l'objet de longues discus-

* Mao sembla beaucoup apprécier le courage et le franc-parler de Li Rui, qui fut promu au poste de secrétaire particulier peu après la réunion de Nanning. Mais en 1959, Li Rui fut limogé pour avoir critiqué le Grand-bond-en-avant.

sions au cours du voyage, et dans la fièvre du Grand-bond-en-avant*, l'enthousiasme des partisans finit par l'emporter sur la voix opiniâtre de l'opposition. Ainsi, la première « Résolution des travaux des Trois-Gorges » fut-elle adoptée par le Comité central du Parti dans une réunion tenue un peu plus tard à Chengdu. Seulement, devant l'envergure sidérante du projet proposé par Lin et des experts soviétiques – un barrage de 235 mètres de haut, les trois quarts de Chongqing noyés, 2 millions de personnes à déplacer et à reloger –, les dirigeants du Parti hésitèrent encore à fixer une date d'ouverture des travaux.

Puis, dans les années 60-70, le dossier fut évoqué à plusieurs reprises, mais à chaque fois Mao refusa catégoriquement d'y donner son accord. Était-ce parce qu'il se souvenait des avertissements de Li Rui ? Ou bien était-il trop préoccupé par d'autres problèmes d'actualité : la rupture avec l'U.R.S.S. (1960), les graves difficultés économiques que rencontrait le pays, la famine tragique qui emporta des millions de vies en trois ans (1959-1961)**, la Révolution culturelle (1966-1976) qui se déchaînait ? De son vivant, Mao ne put voir son rêve réalisé.

En 1978, Deng Xiaoping revenu au pouvoir après la

* Grand-bond-en-avant : mouvement lancé en 1958 par Mao, qui se caractérisait par la collectivisation accélérée des terres et l'industrialisation forcenée. Les conséquences en furent dramatiques.

** Une des conséquences les plus tragiques du Grand-bond-en-avant. On n'en connaîtra jamais le nombre exact de victimes. On estime que seule dans la province du Hehan, plus de 2 millions de paysans moururent de faim.

mort de Mao, lança la réforme économique : décollectivisation rurale, adaptation de l'industrie aux lois du marché, création de zones économiques spéciales, autorisation des investissements multinationaux... Depuis le pays vit au rythme d'une croissance effrénée et le manque d'énergie se fait sentir plus cruellement que jamais. Dans la plupart des grandes villes, la demande d'électricité aux heures de pointe dépasse souvent la capacité de production. D'où les délestages fréquents, y compris dans les usines qui doivent aussi observer un roulement dans l'utilisation de leurs machines – arrêtées de deux à cinq jours par semaine. Ainsi, Deng a pensé redonner une nouvelle impulsion au projet des Trois-Gorges.

En avril 1984, le Conseil des affaires d'État a approuvé le projet qui prévoyait un barrage de 175 mètres de haut avec un niveau *normal* des eaux de 150 mètres. Il a été aussi décidé que les travaux commenceraient en 1986.

Une fois annoncée, la nouvelle a soulevé une tempête de critiques et de protestations parmi les intellectuels dont Qian Weichang et Qian Xuesheng, scientifiques de renommée internationale, et Zhou Peiyuan, président de l'Académie des sciences. « Si jamais il y a un accident, a averti Qian Weichang dans un article, les six provinces situées en aval du Yangtsé deviendront un océan, la vie de centaines de millions de personnes sera en danger... Nous ne pourrons absolument pas dépenser des dizaines ou des centaines de milliards de yuans pour construire le plus grand barrage du monde qui sera un fardeau pour nos enfants et nos petits-enfants... »

La mairie de Chongqing, la plus grande ville sur le cours supérieur du Yangtsé et le plus grand perdant du projet, s'y opposait également. Mais ayant conscience que son opposition ne suffirait pas à le faire abandonner par les autorités de Pékin, Chongqing a proposé un autre projet prévoyant un barrage plus élevé avec un niveau *normal* des eaux de 180 mètres, projet qu'elle croyait moins nuisible à l'économie et à l'environnement de la ville.

Le 11 juin 1985, Sun Yueqi, membre de la Conférence consultative politique nationale, descendit le Yangtsé en bateau à la tête d'un groupe de huit personnes. Le lendemain de leur départ, ils arrivaient à Xingtan, à vingt-sept kilomètres en amont de l'emplacement choisi par le Conseil des affaires d'État, lorsqu'un massif glissement de terrain a entraîné dans le fleuve de 4 à 6 millions de mètres cubes d'éboulis rocheux, formant en un clin d'œil une langue de terre de 90 mètres de long. Sun et son groupe ont dû abandonner le bateau pour la voiture. Au bout de cinquante-huit jours d'enquête, ils sont revenus à Pékin et ont donné un avis défavorable au dossier. « Qui pourra garantir, interrogent-ils dans leur rapport, qu'il n'y aura pas de glissements de terrain au cours des travaux des Trois-Gorges et après* ? »

En automne de la même année, un groupe de spécialistes

* A Xingtan, le Lianziyan, *rocher des Chaînes*, représente actuellement le plus grand risque de glissement de terrain important. Haut de 750 mètres et occupant une superficie de 0,54 km^2, il est creusé d'une trentaine de crevasses qui ne cessent de s'élargir et de s'approfondir : la plus large atteint 5,1 mètres et la plus profonde, 101 mètres.

délégués par les plus importantes associations américaines de sauvegarde de l'environnement a effectué des études de faisabilité sur le projet. En conclusion du rapport, ils déconseillèrent aux compagnies publiques et privées des États-Unis d'y prendre part : « Si les travaux du barrage des Trois-Gorges commencent, il sera le plus dangereux de tous les grands barrages existant au monde. »

Au mois de mai 1986, un groupe d'experts organisé par la Banque mondiale est venu en Chine pour examiner les lieux et le projet de barrage. A la suite de leur visite, les spécialistes ont dressé un constat défavorable, remettant le projet en question aussi bien sur les plans de la géologie, du dépôt des sédiments, de la protection contre les crues, du transport fluvial, que sur les plans des travaux de construction, du système électrique, de l'analyse économique et des conséquences préoccupantes sur l'environnement.

Le mois suivant, le Conseil des affaires d'État chinois décida de procéder à un nouvel examen du projet. A cette fin, un groupe dirigeant a été créé, dont dépendaient quatorze sous-groupes rassemblant quatre cent douze spécialistes, parmi lesquels neuf ont refusé plus tard de mettre leur signature sur les rapports pour lesquels ils n'étaient pas d'accord.

En même temps, deux compagnies de construction et d'investissements canadiennes (CIPM et CYJV, fondées spécialement pour les travaux des Trois-Gorges) procédaient également à une étude du dossier et donnaient un avis favorable. Il fut rapporté que l'un des experts canadiens tenait l'emplacement choisi pour le barrage comme « le plus idéal du monde », « un cadeau de Dieu ». Évidemment, le sort de plus d'un million de Chinois à déplacer, les pertes importantes de nos patrimoines culturel, historique et naturel, ainsi que les bouleversements écologiques les préoccupaient moins que les profits à faire.

En 1988, Li Peng, actuel Premier ministre et ingénieur de formation, s'est emparé du dossier. Il a décidé de faire du barrage des Trois-Gorges le symbole de *la Grandeur de la Chine* retrouvée pour le siècle à venir. Quel qu'en soit le prix.

Les préparatifs se sont accélérés.

Le 3 août 1990, le projet révisé des Trois-Gorges (qui prévoit un barrage de 185 mètres de haut avec un niveau *normal* des eaux de 175 mètres) a été présenté à la Commission spéciale, chargée d'examiner ce projet, et le 17 janvier 1992, il a été approuvé par le Conseil des affaires d'État.

Mais comment faire adopter ce projet par l'Assemblée populaire nationale ?

Dès 1991, le Comité central du Parti a déclenché une campagne massive de propagande, mettant en œuvre tous les moyens qu'il possède, pour faire briller aux yeux du public les avantages que pourrait présenter la construction du barrage, et étouffer les voix de l'opposition.

Puis, au mois de mars 1992, le projet a été soumis à la 5e session de la Septième Assemblée populaire nationale.

Shi Jingxian, délégué de Pékin : *Il est grand temps maintenant de décider du sort des travaux des Trois-Gorges. La question n'est plus de savoir s'il faudra ou ne faudra pas les faire, mais qu'il faudra les faire à tout prix, quelles qu'en soient les difficultés.*

Zhou Haiying, délégué de Shanghai : *J'ai participé à une tournée d'investigation dans la région des Trois-Gorges. Je voterai pour le projet et j'espère que les travaux commenceront le plus tôt possible. Le succès des travaux dépend du niveau de la technologie, de l'équipe des cadres et des ouvriers. Or, cette équipe déjà formée par les travaux de Gezhouba attend toujours l'autorisation pour commencer. Beaucoup d'entre eux ont maintenant cinquante ou soixante ans. Si nous les faisons attendre encore dix ou vingt ans, ce sera trop tard pour eux.*

Guo Shuyan, délégué du Hubei : *Construire le barrage des Trois-Gorges est le désir du peuple de la province du Hubei depuis des années. Nous sommes pour le projet et souhaitons qu'il soit adopté par l'Assemblée... Comme le barrage sera édifié dans notre province, les travaux auront certainement des répercussions importantes et profondes sur le développement économique et social de notre région.*

Gu Mingru, délégué du Hunan : *Le barrage des Trois-Gorges sera le joyau des complexes hydrauliques du monde... Nous pouvons dire sans exagérer qu'il est aussi un modèle de démonstration scientifique et de décision démocratique.*

Zhang Shiying, délégué de Pékin : *A propos du projet des Trois-Gorges, les documents et les explications qui nous ont été fournis ne parlent guère des côtés désavantageux du barrage, ce qui est contraire à « shishi qiu shi », style de travail qui recommande de rechercher la vérité à partir des faits.*

Wang Dagao, délégué d'Anhui : *J'ai fait des enquêtes sur le projet des Trois-Gorges. En général, des gens ordinaires le voient plutôt d'un bon œil, mais lorsque j'en parle avec des intellectuels, les problèmes qu'ils posent sont extrêmement graves et préoccupants. Si je veux représenter l'opinion de la majorité de la population, il me faudra voter pour ; mais quand je réfléchis profondément aux problèmes posés, je comprends que je devrai voter contre.*

Zhen Henghua, Xiao Guangcheng, Zhe Rong, délégués du Sichuan : *Le barrage des Trois-Gorges ne saurait être une garantie efficace contre les inondations dans la région de Jingjang, puisque les débordements du Yangtsé les plus meurtriers dans l'histoire ont tous été causés par les pluies diluviennes tombées dans les bassins du cours inférieur du fleuve. L'un des moyens les plus importants pour lutter contre le désastre des crues est d'aménager les régions situées en amont afin de minimiser l'érosion du sol...*

Huang Shunxing, délégué originaire de Taïwan : *Après juin 1986, le ministère des Eaux et de l'Électricité a formé un groupe dirigeant chargé des études de faisabilité sur le projet des Trois-Gorges, mais les membres du groupe sont tous partisans acharnés du barrage. Et puis, parmi les 14 sous-groupes d'experts dépendants, 10 ont pour chef quelqu'un qui a déjà travaillé dans l'un des départements de l'ancien ministère des Eaux et de l'Électricité. Cette composition elle-même n'est ni démocratique ni scientifique... « Certains dirigeants aiment faire des départements de recherches qui se trouvent sous leur direction une sorte d'instrument destiné à rassembler des arguments théoriques pour toutes leurs décisions, a dit une fois Wan Li, président du Comité permanent de l'Assemblée populaire nationale. Ce genre de décisions ornées de démonstrations prétendument scientifiques sont fondées sur les mensonges, donc encore plus dangereuses »... Que cette révélation nous serve de mise en garde ! En tant que délégués de l'Assemblée, mandataires de tous les Chinois, nous devrons bien RÉFLÉCHIR, avant de donner notre voix.*

Wang Yaping, déléguée de Chongqing : *Je n'ai fait que le cycle élémentaire des études secondaires et je ne me trouve pas bien qualifiée pour décider si et quand il faudra entreprendre les travaux des Trois-Gorges. Mais le Conseil des affaires d'État a approuvé le projet après des études sérieuses, et dans son rapport de ce matin Zhou Yiahua* (vice-Premier ministre et président de la commission du Plan d'État) *nous a donné beaucoup d'explications. Réflexions faites, je crois que mon entière confiance en le Comité central du Parti et en le Conseil des affaires d'État m'obligera à voter pour.*

Le 3 avril 1992, le projet a été adopté par l'Assemblée : 1 767 voix favorables, 177 voix contre, 689 abstentions.

A partir d'avril 1993, les paysans qui vivaient sur l'emplacement de l'immense chantier du barrage ont commencé à quitter leurs villages.

Le 16 novembre de la même année, les travaux ont commencé.

De 1992 à 1994, plus de 4 000 industriels et commerçants venus d'une quarantaine de pays ont visité le chantier et la région des Trois-Gorges dans le but de trouver des occasions d'investissements, coopération ou ventes de technologie et d'équipements. On comptait parmi eux des Japonais, des Anglais, des Allemands, des Canadiens et des Américains... : il y a trop d'argent à gagner dans cette affaire pour qu'ils y tournent le dos.

Le vieux rêve de Sun Yatsen et de Mao Zedong est donc en train de devenir réalité.

Souhaiteraient-ils toujours voir leur rêve se réaliser si, au fond de leur tombe, ils avaient conscience des dangers que présente le barrage à la fois pour l'environnement, le patrimoine, et la vie de millions et de millions de gens qui vivent dans les provinces qu'arrose le Yangtsé ?

Je fais plusieurs fois le tour de la maquette avec cette question cuisante dans le cœur.

La guide demande aux visiteurs s'ils ont des questions à poser.

– J'ai entendu dire, lui dis-je, que la construction de Gezhouba, le premier barrage sur le Yangtsé, a duré 20 années, bien plus longtemps qu'on ne l'avait prévu, à cause des difficultés géologiques, de la mauvaise qualité des travaux et de beaucoup d'autres problèmes...

– Je n'en connais pas les détails, dit la jeune femme avec un petit sourire gêné.

Un touriste d'une quarantaine d'années, aux allures de cadre supérieur, intervient avec un accent de Shanghai :

– Les travaux ont commencé en 1971, mais peu après, on a découvert que sous l'emplacement du barrage il y avait plus de soixante-dix couches de sédiments superposées. Comment bâtir un barrage géant sur ce terrain en sandwich ? Bonne question ! Les travaux ont été interrompus vingt-deux mois. Mais le projet était emblématique : il s'agissait du prestige de la Chine. Donc, il fallait l'élever, coûte que coûte. On a enfoncé des pieux en béton dans le sandwich jusqu'à la couche rocheuse. Pourriez-vous imaginer l'un des plus grands barrages du monde construit sur des pieux ?...

Mais c'est aberrant !

L'homme s'éclaircit la gorge, reprend en désignant du doigt la maquette :

– Une fois que ce mur de béton sera élevé, la vaste étendue du delta du Yangtsé, extrêmement fertile et peuplé, où se trouvent Shanghai, Shuzhou, Changzhou, Wuxi... risquera de se transformer en salants incultivables.

– Comment ça ?

– Eh bien, l'érection du barrage entraînera une réduction du débit moyen du fleuve à son embouchure, le sel pénétrera alors dans la terre, s'infiltrera dans les champs, et tuera la végétation sur son passage.

Puis il pivote sur ses talons et quitte la salle à grands pas.

Je sors en hâte derrière lui, mais déjà il a rejoint ses compagnons.

J'emprunte alors une galerie qui me conduit vers le côté est de la cité.

Sous mes yeux se déroule la vallée de la rivière Chaotang, *Chaumière*, qui doit son nom à la maison couverte de chaume où séjourna Du Fu lors de son exil à Fengjie douze siècles plus tôt. Selon les historiens, c'est là que s'affrontèrent au début de notre ère l'armée du royaume Shu et les troupes du royaume Wu. Luo Guanzhong, l'un des plus grands écrivains de notre littérature classique, décrivit ce combat dans son roman *Trois Royaumes*, que nos lycéens lisent encore aujourd'hui... Je contemple longuement cet ancien champ de bataille maintenant si paisible avec ses rizières ondulantes et ses hameaux adossés aux contreforts des montagnes, soudain envahie par une vague de mélancolie. Tout cela sera englouti. Aussi. C'est la première fois qu'il m'est donné de le voir et c'est sans doute la dernière...

Une leçon atroce toute fraîche encore dans la mémoire des Chinois :

Le barrage géant de Sanmenxia fut achevé en 1960 sur le fleuve Jaune avec l'aide des Soviétiques. On avait dû déplacer et réinstaller de cinq cent mille à un million de personnes. Cependant, ce projet se révéla un échec total. D'abord, les turbines hydroélectriques ne purent fonctionner à cause de la trop grande quantité de sédiments drainée par le fleuve, et même après que le barrage fut réaménagé de manière substantielle les travaux durèrent plus de dix ans et ne se terminèrent qu'en 1973. La centrale ne put atteindre que le cinquième de sa puissance escomptée. De plus, non seulement le barrage se révéla impuissant pour maîtriser les inondations en aval (au printemps et en été les eaux issues de la fonte des neiges et des pluies de mousson charriant plus de 80 % de sédiments annuels, on est obligé de laisser passer ces eaux pour éviter des dépôts alluvionnaires excessifs), mais le réservoir lui-même – rapidement rempli par les boues et les sédiments (la capacité du lac de retenue fut réduite de 62 % quatre ans après la construction !) – devint désormais une menace constante d'inondations pour les régions et les grandes villes situées en amont : les eaux du lac de retenue remontent sur plus de 200 kilomètres le fleuve Weihe, de Tongguan jusqu'à Xianyuang (en amont de Xi-an), et le Weihe, affluent important du fleuve Jaune, se trouve maintenant à 5 mètres audessus de la plaine qu'il traverse.

Le déséquilibre entre la capacité limitée du lac de retenue et l'afflux infini des sédiments, voilà la cause principale de l'échec du barrage de Sanmenxia. Voilà ce qui préoccupe également les experts qui connaissent le projet des Trois-Gorges.

Le 28 mars 1992, lors d'un débat parlementaire, Hou Guoben, délégué venu de la province de Shandong, a prédit qu'en moins de 40 ou 50 ans, le lac de retenue des Trois-Gorges serait bourré de boues et de sédiments.

Comment résoudre ce problème *a priori* insoluble ?

Les fanatiques du projet ont proposé d'élever une série de barrages en amont de celui des Trois-Gorges, sur le cours supérieur du Yangtsé et sur ses affluents importants, en guise de remparts contre les dépôts sédimentaires qui menacent Chongqing et le lac de retenue...

L'histoire se répétera-t-elle ?

Le site du barrage des Trois-Gorges

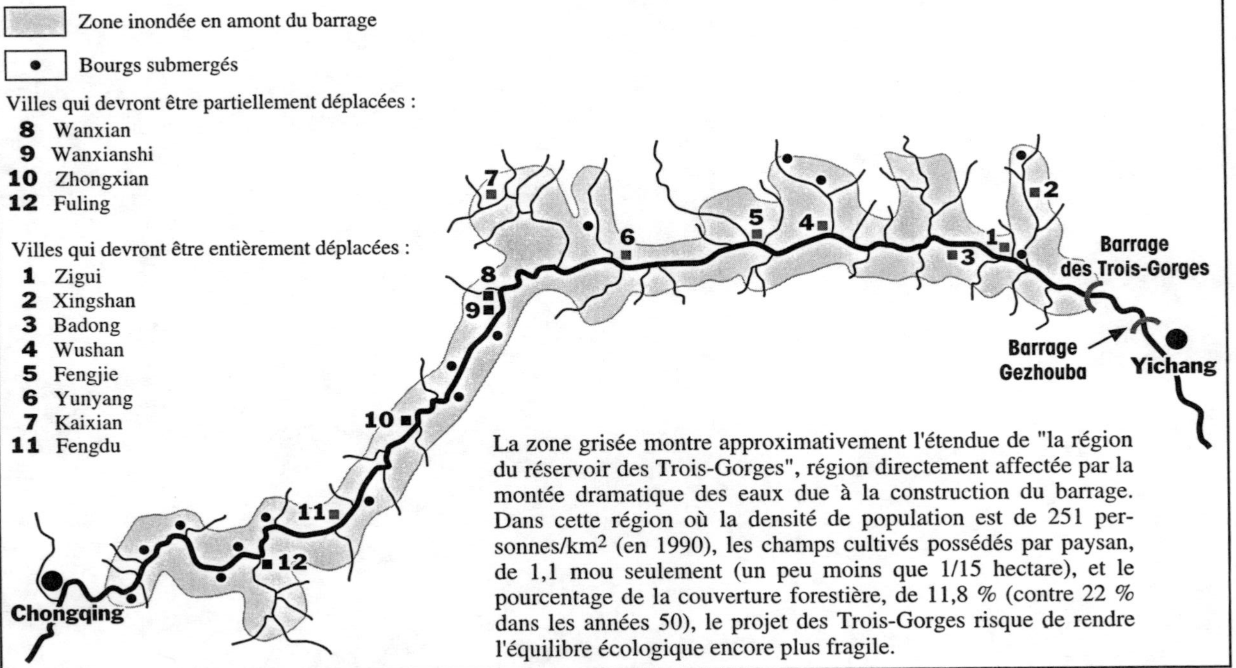

La zone grisée montre approximativement l'étendue de "la région du réservoir des Trois-Gorges", région directement affectée par la montée dramatique des eaux due à la construction du barrage. Dans cette région où la densité de population est de 251 personnes/km^2 (en 1990), les champs cultivés possédés par paysan, de 1,1 mou seulement (un peu moins que 1/15 hectare), et le pourcentage de la couverture forestière, de 11,8 % (contre 22 % dans les années 50), le projet des Trois-Gorges risque de rendre l'équilibre écologique encore plus fragile.

UNE PROMENADE SUR LA RIVIÈRE DANING

Il est 7 heures et demie du soir, et j'attends le bateau en sirotant un thé vert dans l'une des échoppes qui bordent l'escalier dallé de la grande porte du Sud de Fengjie, lorsqu'un haut-parleur annonce l'arrivée prochaine du *Taisheng 5* au quai 2. Je repose précipitamment la tasse, mets un kuai dans la main de la patronne, et ramasse sac et rouleaux de peinture.

Des voyageurs se pressent dans une ruelle sombre qui file vers l'est entre des maisons d'habitation et des bazars illuminés. Je cours derrière eux. La ruelle dallée mène à un long escalier dallé lui aussi qui plonge dans le courant rapide du Yangtsé. Nous descendons en hâte, atteignons le dock flottant en même temps que le bateau.

Sitôt terminées les opérations de débarquement et d'embarquement, le *Taisheng 5* quitte le quai et va jeter l'ancre un peu plus loin dans le fleuve afin d'y patienter jusqu'au lendemain matin.

– Pas un bateau n'ose traverser les Trois-Gorges la nuit, m'explique un garçon d'équipage.

Au bureau de service, on me donne une taie d'oreiller propre et un ticket marquant le numéro de ma cabine et celui de ma couchette.

En entrant dans ma cabine de troisième, je réalise tout de suite que les conditions de vie à bord sont pires que sur le *Jiangyu 111*, pourtant moins moderne. Sept passagers sont entassés dans une pièce d'environ deux mètres sur quatre. Une seule tablette dressée près de la porte. Un oreiller paré d'auréoles de sueur et une grande serviette froissée en guise de couverture traînent sur la natte étendue sur chaque couchette. On déverse les eaux usées dans une rigole béante qui traverse la cabine au-dessous de la fenêtre à la vitre bleue fumée. Sans chaise. Sans pont promenade.

Un vieux couple a réservé deux couchettes superposées à gauche de la mienne. Comme moi, ils viennent d'embarquer et se rendent à Wuhan pour voir leur fille. Lorsque je fourre l'oreiller dans la taie, la vieille femme sort un petit mouchoir à fleurs de sa poche et se met à essuyer consciencieusement la natte de sa couchette.

– Elle ne pourra pas dormir si elle ne l'a pas fait, me souffle à l'oreille le vieil homme après que sa femme est partie pour les toilettes.

Les couchettes superposées en face de moi sont occupées par un jeune couple. La jeune femme en tailleur rose étale un sac plastique sur son siège, pose au milieu une grande pastèque, la découpe tant bien que mal avec un canif. Puis, elle m'invite à partager le fruit avec eux.

Je sors les pêches croquantes que Liu a cueillies dans son jardin.

– Vous allez goûter ça aussi, elles sont bonnes.

Ils sont partis de Chongqing et vivent à bord depuis deux jours. Le jeune homme qui s'appelle Xiao Ma est en déplacement pour son travail, sa femme profite de ses jours de congé pour l'accompagner. Leur premier voyage depuis leur mariage l'an dernier.

– C'est notre voyage de noces, plaisante-t-elle en me montrant leur acte de mariage. Le papier est pour l'hôtel. On nous l'exige parfois à la réception.

– Ah bon ! Mais si par hasard vous ne l'aviez pas sur vous ?

– Nous devrions alors dormir dans deux chambres séparées.

Ils ont étudié tous les deux à l'université de Zhejiang, me dit Xiao Ma. Après leurs études, sa femme a trouvé du travail dans une entreprise d'État à Shuzhou tandis qu'on lui a offert un poste dans un institut de recherches. Puis, comme son salaire modeste (quelque 300 kuais par mois) ne suffisait même pas à leur nourriture, il a dû quitter l'institut pour travailler dans une société privée comme représentant. Il a maintenant un salaire de base bien plus élevé et, chaque fois qu'il parvient à décrocher un contrat pour sa compagnie, il empoche une commission importante. Dans quelques années, me confie-t-il, quand il en aura marre d'être tout le temps sur la route et que son compte en banque sera bien garni, il retournera à la recherche. Il a été formé pour cela, n'est-ce pas ?

La nuit tombe. Mais il fait encore si chaud que nous laissons la porte ouverte dans l'espoir d'un peu de vent.

La femme de Xiao Ma allume un petit poste de télévision installé sur la tablette, l'unique objet de luxe dans la cabine. Elle s'affaire un bon moment auprès du petit écran mais, malgré son opiniâtreté, celui-ci ne donne que des images frémissantes.

Je sors de mon sac un *Quotidien de Wanxian*, journal de la région que j'ai trouvé dans la ville cet après-midi, puis m'allonge sur la couchette pour le feuilleter. Il y a en première page quelques nouvelles régionales à propos de la lutte contre la corruption au sein du Parti, sur l'installation des ex-officiers de l'armée, sur l'aménagement routier... Dans la colonne économique de la page deux, un reportage attire mon œil : *Adieux au pays natal devant la stèle de Zhaojun.*

Zhaojun est l'une des héroïnes légendaires les plus connues des Chinois, à laquelle nos poètes et nos peintres ont souvent consacré des vers et des toiles. Son histoire singulière remonte au début de la dynastie Han, il y a plus de 2 000 ans. Née dans un village que baigne la rivière Xiangxi, petit affluent du Yangtsé, elle fut sélectionnée pour entrer dans la résidence impériale comme *gongnu*, jeune fille vierge que le faste monstrueux de l'empereur Yuandi enfermait par milliers dans ses appartements. Chaque jour, Yuandi choisissait d'après son portrait une de ces fleurs qui allait partager son lit. Les peintres furent donc sollicités de tous côtés, et leurs complaisances se payèrent à prix d'or, tandis que les candidates originaires de familles pauvres et obscures furent sacrifiées au profit de leurs rivales. En 33 avant notre ère, Yuandi venait de conclure la paix avec un khan, chef des populations nomades qui occupaient alors la Mongolie. Le khan se rendit en personne au palais impérial et demanda, comme gage de traité, qu'une princesse des Han lui soit donnée en mariage. Ne pouvant refuser, Yuandi décida de lui donner une fille de peu de valeur et ordonna qu'on lui apportât promptement les portraits des gongnu. En feuilletant ces portraits, il remarqua un visage ingrat dont la suscription indiquait précisément l'humble origine, et il remit sur-le-champ au prince tartare la tablette portant le nom et la date de naissance de l'élue, geste symbolique qui signifiait un acte de fiançailles irrévocables. Mais lorsque Zhaojun, immédiatement promue au rang de princesse impériale, fut amenée pour rencontrer le khan, son futur époux, Yuandi fut secoué d'une rage noire, mêlée de regret et de jalousie : comment avait-il pu ignorer jusque-là qu'il possédait une beauté aussi éblouissante ! Revenir sur son choix était impossible, d'autant plus que le khan, à la vue de Zhaojun, n'avait pas caché sa joie. La fureur de l'empereur fut si grande que, sitôt le couple parti, il fit décapiter le peintre infidèle. Mais quoi qu'il fît, il ne parvint pas à chasser de son esprit l'image de sa perle rare perdue, qui empoisonnait tous ses plaisirs. Il envoya alors au khan cent chameaux chargés d'or et de présents précieux, dans l'espoir que celui-ci lui rendrait sa belle princesse. L'échange fut refusé.

Des années plus tard, la nouvelle parvint que Zhaojun venait de mourir. La caravane se remit en marche, cette fois pour demander le corps de la défunte afin qu'elle puisse être inhumée dans sa terre natale. Mais de nouveau le khan refusa. La dépouille de sa femme doit reposer dans le pays dont elle a été souveraine, dit-il, et où lui-même sera enterré, à son côté.

Le 28 mai 1995, 51 familles paysannes se sont rassemblées sur la rive de la Xiangxi. Selon la légende locale, au moment de quitter son village, Zhaojun laissa tomber son collier de perles dans la rivière en y baignant son visage et, depuis lors, un parfum exquis s'exhale de la rivière qui a reçu le nom de Xiangxi, *Ruisseau-Fragrant.* Comme Zhaojun il y a plus de vingt siècles, ces paysans devaient partir eux aussi. Ils se sont alors réunis devant sa stèle, le matin de leur départ, pour faire leurs adieux à leurs terres et à leurs maisons.

Dans le camion n° 40, écrit le reporter, *Xiang Peiqiang n'a pas pu retenir ses larmes. Il s'est enrichi ces dernières années grâce à la vente de ses oranges. Il vient de bâtir une nouvelle maison et de planter 600 jeunes fruitiers, qui seront tous noyés... Lorsqu'un cadre du bourg de Ruisseau-Fragrant lui a fait ses adieux, il a essuyé ses larmes en déclarant : « Construire le barrage des Trois-Gorges, c'est le désir du peuple chinois. Y sacrifier mes intérêts personnels m'est un grand honneur »...*

A ce moment-là, deux hommes entrent dans notre cabine. Un gros, un maigre. Le gros porte quelques marques varioliques éparpillées sur ses joues tombantes et le maigre, de petits yeux triangulaires dans un visage chevalin. Tous les deux doivent approcher de la cinquantaine. Le gros se présente comme un fonctionnaire du barrage Gezhouba et demande qui a envie de jouer aux cartes avec eux.

– Pour tuer le temps, ajoute le maigre.

Je fais non de la tête. Le couple âgé répond qu'ils ne savent pas jouer. Les deux hommes se tournent alors vers le jeune couple.

– Allons, jeune homme, dit le gros à Xiao Ma d'un ton de vieil ami en s'asseyant sur le bord de sa couchette, faisons une partie !

Comme le garçon paraît hésiter, le maigre annonce qu'il va chercher les cartes. Il revient au bout de quelques instants avec un paquet tout neuf.

– Je l'ai acheté à la boutique, ça m'a coûté dix kuais, déclare-t-il à haute voix pour que tout le monde dans la cabine l'entende.

Xiao Ma ne peut donc plus refuser de participer au jeu.

Après avoir discuté et fixé les règles avec Xiao Ma, le maigre propose :

– Pour rendre le jeu plus excitant encore, le perdant devra donner des sous pour un bon repas bien arrosé.

– Alors, deux kuais pour une carte, suggère tout de suite le gros.

La jeune femme pose sa main sur l'épaule de son mari.

– Un fen pour une carte, dit Xiao Ma.

– Allons, jeune homme ! crie le gros sur un ton scandalisé. Je ne savais pas que vous étiez si avare !

– C'est que nous n'avons plus d'argent sur nous, explique poliment la femme de Xiao Ma en désignant leurs sacs pleins à craquer, nous avons tout dépensé en cadeaux.

Mais les deux hommes ne la croient pas.

– Deux kuais pour une carte, répète le maigre.

Xiao Ma résiste.

– Non, dit-il en articulant bien chaque mot, un fen pour une carte.

– Je ne veux plus jouer, alors, déclare le gros.

– Mais j'ai déjà acheté les cartes ! grince le maigre entre ses dents.

Le sourire a disparu des visages. L'atmosphère commence à devenir tendue. Le ton des deux hommes, menaçant. Ils essaient encore de faire pression sur Xiao Ma mais celui-ci ne cède toujours pas.

Si ça tourne mal, me dis-je en les observant du coin de l'œil, je me lancerai dans le couloir pour appeler du secours.

Finalement, las de l'entêtement de Xiao Ma, le duo s'en va en jurant. La femme de Xiao Ma ferme rapidement la porte sur eux.

– Je les ai vus se promener d'une cabine à l'autre, dit le vieil homme, cherchant des partenaires pour jouer au mahjong. Ce sont des escrocs. Si vous jouez avec eux, ils sont capables de vous faire perdre des milliers de kuais en moins d'une demi-heure.

– J'ai rencontré pas mal d'individus semblables lors de mes nombreux voyages d'affaires, raconte Xiao Ma, même de vrais bandits. Un jour, je me trouvais dans un train, cinq gangsters ont fait irruption dans notre wagon et à la pointe du poignard, demandé à chaque passager de leur payer trente kuais comme « frais de protection » – ça s'appelle « vol civilisé ».

– Où se trouvaient alors les agents de sécurité ? dis-je. Il y en a dans chaque train à ma connaissance...

Xiao Ma sourit.

– Chaque fois que les gangsters attaquent un train, dit-il, on ne voit plus ombre de ces gens-là. Ils savent où se cacher. Si vous avez une grosse somme ou des objets précieux sur vous, il vaudra mieux prendre l'avion, vous serez plus en sécurité.

– Xiao Ma a raison, confirme le vieillard. L'année dernière, le car de Yichang à Wuhan a été attaqué à deux reprises. A chaque fois les gangsters étaient déguisés en voyageurs. Et quand le car entrait dans un passage désert, ils sortaient les couteaux et se mettaient à dépouiller les passagers. Personne n'osait broncher... Puis ils ont obligé le chauffeur à arrêter le véhicule et, en moins d'une minute, ils se sont évanouis dans la nature.

– Avez-vous entendu parler du drame du Qiandaohu, *lac aux Mille Îlots* ? ajoute la femme de Xiao Ma. Deux gangsters ont attaqué un bateau de croisière et après avoir dévalisé tous les passagers, ils les ont enfermés dans la cale avant d'incendier le bateau. Une vingtaine de personnes ont trouvé la mort...

En les écoutant débiter un chapelet d'histoires plus terrifiantes les unes que les autres, je comprends mieux pourquoi maman se faisait du souci pour moi. Voyager seule, ce n'est pas très sage.

Le lendemain matin, à 5 heures et demie, le *Taisheng 5* quitte Fengjie. Pour monter se dégourdir les jambes sur le pont supérieur, il faut payer vingt kuais par jour, deux fois plus cher encore qu'à bord du *Jiangyu 111.*

Vers 9 heures, nous arrivons à Wushan.

Wushan est une petite ville de plus de trente mille habitants, située sur la rive nord du Yangtsé à l'entrée de la gorge de Wuxia, près de l'embouchure de la rivière Daning. Forte d'une longue histoire, la ville de Wushan jouit d'une renommée nationale pour les douze ruelles de sa vieille cité baptisées du nom des douze pics de la montagne de Wushan qui dominent la gorge de Wuxia, pour le caractère fantastique du paysage le long du Yangtsé et de la Daning, et surtout, pour la splendeur des sites historiques de ses environs. Notamment Longgupuo où a été trouvé le fossile d'un ancêtre de nos ancêtres, l'Homme de Wushan, espèce sinanthropienne qui vécut dans la région deux millions d'années plus tôt ; le site de la culture Daxi où on a découvert sur une superficie de 583 mètres carrés un groupe de 208 tombes anciennes et exhumé lors des fouilles un très grand nombre d'objets en pierre, en argile cuite, en jade, en ivoire, en os et en dent d'animaux – étincelles de la gloire de notre passé qui éblouissent encore après avoir traversé 6 000 années enfouies.

Pendant que le bateau se place doucement le long du quai flottant, un haut-parleur annonce que nous allons nous arrêter à Wushan quatre heures et que tout passager qui veut en profiter pour faire une excursion sur la Daning doit se présenter immédiatement au bureau de service.

Je dégringole l'escalier quatre à quatre, cours au bureau de service, y achète un billet, laisse mes bagages au bureau des agents de sécurité en payant un supplément, descends précipitamment au pont débarcadère, quitte le *Taisheng 5* pour monter dans une barque à moteur avec une vingtaine de touristes.

L'équipage comprend quatre membres : une jeune fille qui nous sert de guide, un homme au gouvernail et deux garçons qui manœuvrent les longues perches de bambou à la proue pour franchir les passages difficiles.

Lors du contrôle des billets, une discussion un peu vive éclate entre la guide et un couple accompagné d'un enfant. Le couple explique qu'au bureau de service on leur a promis que l'excursion était gratuite pour les gamins, mais la guide insiste pour que le couple paye pour leur fils car celui-ci a déjà dépassé les douze ans.

– Au poste de contrôle, leur explique la guide, on compte les touristes et, si on découvre un passager sans billet, l'équipage sera frappé d'une lourde amende.

Après une négociation interminable, les deux partis parviennent enfin à un compromis : le couple paie 60 % du prix normal pour leur enfant mais ce dernier devra s'enfermer dans les toilettes quand la barque passera le poste de contrôle.

– Comme ils ne déclareront pas l'enfant au contrôle, murmure à mon oreille l'homme assis près de moi, les membres de l'équipage pourront partager cet argent entre eux.

Lorsque notre petit bateau contourne Wushan pour entrer dans la rivière Daning, une touriste demande à la jeune femme :

– Est-ce vrai que tous ces immeubles-là seront noyés ?

– Oui, répond la guide. Toute la ville devra être transférée.

Puis, en désignant un pont jeté sur la Daning entre deux falaises impressionnantes, elle ajoute :

– Vous voyez ce pont-là ? Il est haut de cent vingt mètres. Quand le barrage des Trois-Gorges sera achevé, il ne restera plus que neuf mètres environ entre l'eau et le sommet de l'arche. Tout ce qui se situe là-dessous se retrouvera sous l'eau.

– Quel dommage ! soupire la touriste. Où sera construite la nouvelle ville ?

– Plus haut, dit la guide en pointant le flanc de la montagne. Là où vous pouvez apercevoir de la terre jaune, c'est le chantier.

Mais ses rues anciennes ainsi que ses sites archéologiques ne pourront pas être transférés, évidemment, me dis-je avec tristesse.

Sous le pont, notre petit bateau accoste d'abord la station-service flottante pour faire le plein puis se dirige vers le poste de contrôle.

Un batelier pénètre dans le bureau, puis ressort accompagné d'un contrôleur qui compte deux fois les passagers. Le batelier rentre ensuite dans le bureau avec le contrôleur, réapparaît au bout d'un instant et largue l'amarre.

Comme nous nous éloignons pour remonter la Daning, je vais m'installer sur un tabouret à l'avant du bateau à côté du batelier.

– Devez-vous payer des taxes ? je lui demande.

– Oui, trente-deux kuais par passager.

– C'est très cher, ça.

– Bien sûr que c'est très cher ! Calculez vous-même, vous payez soixante-cinq kuais pour un billet au bureau de service du *Taisheng 5*, ils nous donnent seulement cinquante kuais après avoir prélevé la commission, puis le poste de contrôle prend trente-deux kuais. Combien nous reste-t-il, hein ? Dix-huit kuais par passager. Il nous faut payer aussi l'essence et le loyer du bateau... C'est vraiment dur.

– Êtes-vous de Wushan ?

– Non. Je suis du Nid-d'Argent. J'ai grandi en buvant l'eau de la Daning. Mes parents sont pêcheurs. Je ne fais ce travail que depuis deux ans.

– Y a-t-il beaucoup de poissons par ici ?

– Oui, pas mal, surtout ceux qu'on appelle *écailles-blanches, cornes-jaunes, grosses-têtes, tortillons*, etc. Avec une barcasse on peut en attraper jusqu'à quinze ou vingt livres par jour, qui vaut sur le marché de quarante à soixante kuais. Quelles sont les meilleures époques de pêche me demandez-vous ?... De mars à mai, puis de septembre à octobre. D'ordinaire, les pêcheurs n'aiment pas sortir en hiver. Il fait trop froid et le froid des gorges, ça coupe comme la lame du rasoir. Mais quelquefois les gens qui ont un repas de fête à préparer viennent les trouver avec une liasse. Alors, les pêcheurs larguent les amarres et vont flotter sur le fleuve pendant quelques jours avec une bonne bouteille d'alcool de riz...

– Est-il possible de se promener en bateau sur la Daning toute l'année ?

– Non. Si vous venez en juillet et en août, les mois où les pluies sont souvent abondantes, la rivière risque d'être en crue et le passage dans les gorges, trop dangereux. Si au contraire vous venez en hiver, l'eau ne sera pas assez profonde, vous devrez emprunter l'autocar de Wushan jusqu'à Pipazhou, puis prendre le bateau pour remonter le courant, et vous manquerez ainsi la gorge Longmen, *Porte-du-Dragon*...

– Alors, je suis venue à la bonne saison sans le savoir.

– Vous avez de la chance, sourit-il.

« Née dans la montagne de Dabashan et courant sur 250 kilomètres de long, se met à raconter la guide dans son mégaphone, la Daning est l'affluent le plus important du Yangtsé dans son défilé des Trois-Gorges. Aujourd'hui, nous allons traverser les trois petites gorges de la Daning, regarder les cercueils anciens placés dans les crevasses des falaises, visiter le village de Luojia... Attention ! Nous entrons dans la Porte-du-Dragon... »

Notre barque remonte maintenant en zigzags brutaux un torrent impétueux de dix à quinze mètres de large, profondément encaissé entre des falaises fabuleuses dont les pics percent les nuages bas et lourds. En levant la tête, on ne voit qu'un fil de ciel.

Quel bras prodigieux a pu ainsi hacher les montagnes rocheuses avec un couperet magique ? Quel passage pourrait être plus spectaculaire ?...

Après la Porte-du-Dragon, le cours d'eau s'élargit brusquement. Nous sommes surpris de voir apparaître sur la rive ouest une pente douce et large, hérissée de maïs, qui se déploie jusqu'au pied de la montagne reculée, où des maisons aux toits gris foncé se dissimulent derrière des bosquets d'arbres et de bambous. A deux ou trois mètres de l'écoulement de la rivière, les pieds nus posés sur une pierre, un vieux paysan coiffé d'un chapeau de paille surveille un petit troupeau de chèvres, une canne de bambou à la main. Un enfant de quatre ou cinq ans, son petit-fils sans doute, joue à son côté. Pas très loin d'eux, une barque de pêche en bois moisi munie d'une natte-abri de bambou trouée, semble être abandonnée là, bercée par les vagues douces.

– Tout cela sera-t-il également englouti par l'eau ?

– Oui, malheureusement, me répond le batelier.

Plus loin, notre bateau longe un bâtiment neuf couvert de tuiles vernissées jaunes, apparemment vide.

La guide commente : « La mairie de Wanxian a dépensé un million de kuais pour construire cet hôtel touristique. Mais les travaux une fois terminés, elle a appris que ça serait noyé dans deux ans, en 1997. Ne sachant pas quoi en faire, elle l'abandonne comme ça, aux bons soins de Dieu du Ciel. »

– Quel gâchis ! soupirent les passagers.

La Daning oblique de nouveau à gauche. Devant nous, au méandre de la rivière, apparaît maintenant une bourgade. Quelques vieilles maisons paysannes délaissées, vestiges de l'ancien village de Dongpingba, sont entourées par des monstruosités en béton, créations récentes engendrées par le boom touristique qui anéantissent brutalement le charme du paysage. Cette bourgade non plus ne survivra pas au déluge.

Notre barque passe sans s'arrêter.

Juste avant un autre coude j'aperçois une cabane hâtivement échafaudée avec de gros cailloux et des nattes de bambou, qui se dresse isolée et branlante, à quelques mètres du courant rouleur de galets. La porte de la cabane est close mais le fourneau installé dehors près du seuil et surmonté d'une énorme casserole noircie par la fumée, ainsi que le lopin de terre où grimpent des lianes de patates douces et le sentier qui serpente à son côté, trahissent la présence d'un foyer.

– Quelqu'un habite là ?

– Oui, c'est un bazar ouvert par une famille de pêcheurs. Ça lui permet de rapporter quelques sous et d'envoyer les gosses à l'école du village.

« Nous entrons maintenant dans la gorge du Brouillard, qui se déroule sur environ dix kilomètres... Regardez ce rocher sur votre gauche, il s'appelle le Retour-du-Cheval... Là-bas, vous voyez cette grotte à droite ? C'est la grotte au Dragon... Et ce pic qui s'élève à gauche, ne ressemble-t-il pas à une immense statue de Bouddha assis au milieu d'une gigantesque fleur de lotus ?... Ah, voilà que nous arrivons à Xianguan. Le bateau s'arrêtera une demi-heure. Vous pourrez monter regarder les cercueils vieux de plus de deux mille ans... »

Je descends du bateau, grimpe un escalier étroit entre deux rangées d'étals chargés de petits souvenirs, monte sur une sorte de plate-forme équipée d'un télescope. Des touristes se bousculent autour de l'appareil dont le canon reste constamment braqué sur la falaise d'en face. Arrêtée un peu à l'écart, je promène aussi mon regard sur cette paroi rocheuse jaune ocre qui s'élève de l'autre côté de la rivière... Le voilà ! Couché dans une fente béante qui s'ouvre comme une plaie à mi-hauteur de l'à-pic, quelque chose de couleur brun foncé ressemble à une tige d'allumette. Il me vient à l'esprit que je peux me servir du zoom de mon appareil photo pour la rapprocher. Effectivement, l'allumette se transforme en tronçon de bois rongé par les vents et les pluies de la gorge.

– C'est là un cercueil millénaire ?

– Oui, c'est ça. Il fut creusé dans un tronc d'arbre par des hommes de l'ancien royaume Ba. On en voit pas mal le long des falaises des Trois-Gorges. Avant, les gens du coin les appelaient « soufflets de forge ». Puis, au début des années 70, quelques varappeurs ont réussi à atteindre certains d'entre eux et y ont trouvé squelettes, peignes en bois, épées de bronze, pièces de monnaie, etc., qui remontent à plus de vingt siècles.

– Pourquoi et comment les hommes Ba placèrent-ils les cercueils de leurs morts si haut que ça ? Y a-t-il une signification particulière dans cette position face à l'eau ?

– Alors ça, c'est encore un mystère...

La halte est terminée, il faut reprendre la barque. En montant à bord, je remarque que des passagers sont en train de croquer à belles dents de gros épis de maïs cuits à l'eau.

– Vous n'en avez pas acheté ? me demande mon voisin.

– A la prochaine halte, je réponds en ravalant ma salive de gourmandise.

Nous sortons de la gorge du Brouillard pour pénétrer dans la gorge Verte. Comme le suggère ce nom, les rochers qui flanquent la gorge sont parfois recouverts d'une tapisserie de verdure éblouissante qui oxygène le regard. De temps en temps, nous croisons un autre bateau, alourdi de touristes de retour de promenade, ou dépassons une barque de pêche tirée par des haleurs torse nu, le corps bandé comme un câble prêt à se rompre, le front ceint d'une serviette blanche tendu vers les gros cailloux de la plage.

A la sortie d'une boucle, un écueil noir surgit au milieu du courant tel le dos géant d'un immense poisson mythologique qui émerge des vagues pour nous barrer la voie. Les deux garçons de l'équipage se lèvent immédiatement. Les jambes écartées, les pieds nus calés au bordage et les perches de bambou à la main, ils restent en alerte jusqu'à ce que notre bateau ait contourné le péril sombre. C'est à ce moment que je me rends compte qu'il n'y a ni gilet ni bouée de sauvetage à bord. Moi qui ai traversé enfant la Lijiang* à la nage, peut-être serais-je capable de m'en tirer si jamais il y avait un accident. Mais les autres passagers ? Combien d'entre eux savent nager ? Il faut vraiment avoir une confiance extraordinaire en la vie pour s'embarquer dans un pareil voyage sans autre garantie de sécurité que la compétence de l'équipage et la bonne volonté de Dieu du Ciel...

Notre barque approche maintenant d'un autre pont à chaînes tendu à travers le vide. A quelques dizaines de mètres au-dessus du courant rapide, une paysanne en chemise blanche abritée sous un parapluie noir marche d'un pas serein sur les planches du tablier. Le batelier me dit :

– Les gens du canton l'appellent le pont Ziyang. Parce que c'est Ziyang qui l'a fait construire après une visite dans la région.

* Rivière qui traverse Guilin, au sud de la Chine.

Ziyang, ou Zhao Ziyang, était l'ancien gouverneur de la province du Sichuan dans les années 70. A ce poste, il a expérimenté la décollectivisation rurale et la déconcentration des entreprises industrielles, réussissant à soustraire son peuple à la famine. Il est nommé Premier ministre en 1980, promu plus tard au poste de secrétaire général du Parti. Mais en 1989, après la répression sanglante des manifestations étudiantes par l'armée sur la place Tian-An-Men, il a été limogé pour avoir exprimé sa sympathie pour le mouvement démocratique. Des années se sont écoulées, son image au lieu de pâlir par le temps est devenue légende dans les villages sichuanais.

Peu après le pont Ziyang, nous nous arrêtons au pied d'un escalier étroit et abrupt taillé dans le rocher.

– Voilà le village de Luojia, nous dit la guide, vous avez une demi-heure pour le visiter.

La plupart des voyageurs préfèrent rester en bas, cinq ou six seulement dont un couple de retraités ont le courage de tenter l'escalade. Ce n'est pas facile en effet, car très vite tout le monde s'essouffle comme une locomotive en marche. Arrivés au sommet, nous nous retrouvons sur une sorte de terrasse. Aucun vestige qui rappelle le village ancien. Au-dessus de notre tête, un petit drapeau triangulaire jaune vif orné de trois idéogrammes noirs claque aux vents de la montagne. A nos pieds, s'enfonce un abîme vertigineux avec au fond une bande émeraude et tortillée, la Daning.

C'est ici, raconte-t-on, qu'un fils de paysan s'est barricadé des années avec ses bouquins pour préparer l'examen impérial lors duquel il obtint, bien entendu, un succès éclatant.

– Pourriez-vous nous prendre une photo ? demande la retraitée en me tendant son appareil.

En redescendant, elle me dit que son mari et elle se sont rendus à la montagne de Taishan*. Quand ils étaient jeunes, ils n'avaient ni les moyens ni le temps de voyager. Maintenant que leurs enfants ont grandi et quitté la maison, ils essaient de se rattraper un petit peu. Ce pèlerinage sur le Yangtsé, c'est pour eux une façon de dire adieu aux Trois-Gorges avant que celles-ci ne soient défigurées par la construction du barrage.

Comme notre petit bateau quitte le village de Luojia, la retraitée demande à la guide si nous pourrons monter jusqu'à Dachang.

– Impossible, nous n'aurons pas assez de temps.

– Où ça, Dachang ? demandé-je.

– A une trentaine de kilomètres en amont.

– Est-ce un village, un bourg, une ville ?

– C'est l'ancien chef-lieu de canton, une cité vieille de mille sept cents ans, réputée pour ses belles maisons bâties sous les dynasties Ming et Qing. Un trésor rare qui a traversé des guerres et de nombreuses tempêtes politiques, miraculeusement préservé.

– Sera-t-il aussi affecté par la montée de l'eau ?

– Oui, hélas ! Toute la cité sera noyée parce que l'eau

* Située dans la province de Shandong, près de Jinan, la montagne de Taishan est parmi les plus célèbres de la Chine.

du réservoir montera jusqu'à trente kilomètres en amont de Dachang.

Une autre part du patrimoine vouée à la disparition imminente. Un autre sacrifice généreux au rêve et au prestige du pouvoir.

Après avoir passé la montagne surnommée *Escalier-au-Ciel*, nous faisons la dernière halte à la confluence des rivières Daning et Madu.

Un pont à chaînes tendu entre des falaises à pic.

Par un long escalier à moitié en pierre à moitié taillé dans le granit, je monte sur le pont. En bas, la Daning éclaboussée du soleil de midi, une vingtaine de barques alignées, une plage de galets en partie couverte de parasols bariolés et de larges morceaux de plastique déployés, une foule de touristes qui errent entre des tables chargées de nourritures fraîches et des fourneaux fumants tenus par les paysans des environs. La montée des eaux du lac de retenue ne va pas s'arrêter ici. Elles vont s'y diviser en deux flèches redoutables – l'une remontera la Madu, l'autre poursuivra sa poussée le long de la Daning jusqu'à Wuxi, à quelque 90 kilomètres de son embouchure sur le Yangtsé. Qu'arrivera-t-il à ces champs cultivés, à ces villages, à ces bourgades qui les bordent ? Je n'ose y penser.

Je redescends sur la plage, quitte mes sandales, retrousse les jambes de mon pantalon jusqu'aux genoux, trempe mes pieds dans l'eau limpide. Aussitôt, une fraîcheur délicieuse monte de la plante de mes pieds, me faisant frémir. Je ramasse un petit caillou que je fourre dans ma poche. Un souvenir de la promenade.

Lorsque nous repartons vingt minutes plus tard, il y a un passager supplémentaire dans la barque. Un paysan au visage basané, assis entre deux gros paniers ronds débordants de pastèques. Un garçon de l'équipage farfouille dans l'un des paniers, prend le plus gros des fruits, le coupe en quatre. Il donne un morceau à son copain, une autre tranche à la guide, puis porte le reste à l'arrière du bateau pour le partager avec le batelier qui tient le gouvernail.

– Vous n'allez pas nous offrir quelques-unes de vos pastèques ? plaisante un voyageur en se tournant vers le paysan.

Celui-ci fait non de la main.

Je souris. Bien sûr que non. Le fruit mangé par l'équipage, c'est son ticket d'embarquement.

Entraînée par le courant rapide, notre barque redescend la Daning en moins d'une heure. Dans la gorge du Brouillard, une muraille d'eau glauque, provoquée par le passage de notre bateau le long de la paroi rocheuse et renvoyée par la pierre, croule sur l'avant de la barque avec une telle violence que, assise au bon moment au bon endroit, j'ai failli basculer dans le torrent. Les autres jubilent de me voir trempée des pieds à la tête, et une fois passée la peur, je me joins à la gaieté générale. Puis le soleil et les souffles du précipice sèchent très vite mes cheveux et mes habits, avant même que nous ne revoyions les immeubles de Wushan.

Le haut-parleur du *Taisheng 5* annonce déjà le départ

immédiat et appelle les voyageurs à regagner le bateau tout de suite. Mais nous devons encore nous frayer un passage parmi une foule de vendeuses qui tendent sous notre nez des paniers de bambou remplis de pêches et d'œufs durs.

Aussitôt à bord, je grimpe rapidement sur le pont supérieur. Pour regarder encore une fois la Daning tandis que le *Taisheng 5* s'éloigne lentement de Wushan pour s'engouffrer dans la gorge de Wuxia.

Combien d'embouchures de rivières comme la Daning le *Taisheng 5* a-t-il dépassées depuis notre départ de Fengjie ? Je ne saurais plus le dire. Mais chaque fois que j'en aperçois une, j'ai un pincement au cœur. Je revois alors les champs au bord de la Source-au-Jade, champs condamnés à être noyés. Je sais désormais que derrière les pans gigantesques des montagnes qui enserrent le Yangtsé, le long de ses affluents, des milliers et des milliers de mous de terre fertile seront perdus, des milliers et des milliers de gens seront arrachés à leurs maisons, à leurs villages, à leurs bourgs où ils vivent depuis des siècles et des siècles. Avant, quand je lisais des reportages sur le projet des Trois-Gorges, les chiffres m'étaient abstraits. Désormais, ils ne le sont plus. Ils ont des visages, ces visages en chair et en os que j'ai rencontrés ; ils ont des voix, ces voix d'hommes et de femmes que j'ai entendues ; ils sont des maisons, ces maisons vieilles ou neuves que j'ai visitées ; ils sont des villages, des bourgs, des villes, dans lesquels je me suis promenée ; ils sont des rues et des ruelles, celles bordées de boutiques et de maisons que j'ai parcourues ; ils sont des temples et des tombeaux, ces temples que j'ai salués et ces tombeaux des ancêtres qui reposent en paix parmi des broussailles...

Les chiffres devenus images vivantes, c'est ça qui est le plus effrayant.

RÊVE ? CAUCHEMAR ?

Vaste et impétueux, le Yangtsé court maintenant dans une galerie de granit sinueuse de 45 kilomètres de long. Falaises succédant aux falaises. Remous bousculant d'autres remous. Il y a des endroits où les eaux saturées de terre jaune semblent bouillir.

Debout à l'avant du *Taisheng 5*, je lève le visage pour mieux accueillir le vent de la gorge. Le soleil flambe. Le dos vaste du fleuve scintille comme celui d'un dragon immense revêtu d'écailles d'argent.

Un bateau de croisière vient à notre rencontre. Le *Taisheng 5* le salue de trois coups de sirène. L'autre lui répond de la même manière.

Quelque chose sur la rive sud attire soudain mon attention. C'est un vieux pont bâti au pied de deux falaises au-dessus de l'embouchure d'un petit affluent. Des touffes d'herbe poussent entre ses dalles qui portent encore l'empreinte jaunâtre des crues précédentes. Son unique arche ressemble à une porte en forme de lune pleine qu'on voit souvent dans les jardins ou les parcs chinois. Deux paysans coiffés de chapeaux de paille traversent le pont, chacun avec une hotte sur le dos. Je braque l'objectif de mon appareil sur ce tableau, appuie. Mais le bouton ne cède pas à la pression de mon index... la pellicule est épuisée !

Déjà notre bateau dépasse le vieux pont qui rapetisse rapidement. A voir sa hauteur – une trentaine de mètres environ –, il n'aura aucune chance de survivre à la montée des eaux...

Je descends à la boutique du bord.

– Deux pellicules de trente-six poses s'il vous plaît.

– Kodak, Fuji ou Konica ?

– Fuji, s'il vous plaît.

– Alors, quarante-quatre kuais au total.

Aussi cher qu'en Angleterre.

Je remonte sur le pont supérieur, m'installe sur un banc pour changer de pellicule.

– Avez-vous acheté vos films sur le bateau ? m'interroge un passager d'une trentaine d'années qui vient de s'asseoir près de moi.

– Oui, pourquoi ?

– Eh bien, ce sont des contrefaçons.

– Comment le savez-vous ?

– Avez-vous des films achetés ailleurs ? Comparez-les. Voilà, regardez et touchez ici, les contrefaçons sont moins brillantes et moins lisses... Et très souvent, les films sont moins longs que les vrais. Avec ce film de trente-six poses, vous ne pourrez peut-être faire que trente-deux ou trente-trois photos. J'en ai acheté un aussi, puis j'ai remarqué que c'était une contrefaçon, et je suis retourné à la boutique.

– Qu'a dit le patron, alors ?

– Il a refusé de me le rembourser mais m'a donné trois boîtes de conserve en échange.

– Moi je ne pourrai pas rendre ces films parce que je n'en ai plus d'autre. Je vais tenter ma chance. Espérons que ça donnera quand même quelque chose.

– Êtes-vous journaliste ?

– Non. Et vous ? Vous n'avez pas l'accent de la région.

– Je suis de la province du Shandong. Je travaille à Shengli, le second champ pétrolier après Daqing, qui se trouve sur la côte de la mer Jaune. En avez-vous entendu parler ?...

Il est secrétaire général de la Jeunesse communiste d'une compagnie pétrolière mais il ne veut pas s'accrocher à ce poste très longtemps. Il regrette de ne pas avoir fait d'études supérieures comme certains de ses copains. Pour s'adapter au changement actuel du pays, il s'est inscrit à un cours de gestion économique par correspondance qu'il suit depuis deux ans déjà.

– Avez-vous l'intention de quitter l'industrie pétrolière ?

– Non, pas du tout. J'ai seulement envie de changer de poste, faire quelque chose de différent, de plus intéressant, quoi...

La sécurité du travail, le salaire élevé (de 700 à 800 kuais par mois pour un ouvrier sur puits, et plus pour les hauts fonctionnaires qui s'occupent de la gestion), le logement, les soins médicaux, les relations, la retraite aussi... sont des avantages non négligeables.

– Vous allez jusqu'à Wuhan ? me demande-t-il tout à coup.

– Oui. Et vous ?

– Moi aussi. J'y séjournerai quelques jours. Qu'y a-t-il à voir dans la ville ?

– En touriste ?... Eh bien, le lac de l'Est, le pavillon aux Grues, le temple Guiyuan où vous trouverez une collection de cinq cents bouddhas en bois peint, les boutiques de mode de la rue Hanzheng, le nouveau pont sur le Yangtsé...

– Est-ce vrai que c'est le plus grand pont du monde ?

– Un des plus grands ponts, oui, puisque le Yangtsé est le troisième fleuve du monde ; mais le plus grand, je n'en suis pas sûre... A propos, avez-vous entendu parler de la centrale des Trois-Gorges – qui sera certainement la plus puissante du monde ?

– Oui, ça a été l'objet de maintes discussions entre mes collègues et moi. Selon les médias, il paraît que les gains économiques seront plus importants que les pertes...

Les pertes irréversibles des patrimoines culturel, historique et naturel pourront-elles se mesurer en argent ? Je quitte mon banc en secouant la tête. Tristement.

Je vais m'appuyer à la rambarde et regarder le paysage.

Depuis l'entrée des Trois-Gorges, on aperçoit souvent comme des fossés creusés dans la pierre le long des falaises, à quelques dizaines de mètres au-dessus du grondement sauvage. C'est là *zhangdao*, les vestiges d'une route ancienne taillée dans le granit pour relier les provinces du Hubei et du Sichuan. Selon les archéologues, les parties les plus anciennes du *zhangdao* doivent dater de la période des Royaumes-Combattants (475-221 avant notre ère), et les parties les plus récentes furent creusées sous la dynastie

Qing, à l'aide de forets, marteaux et explosifs. « Vu de loin, on dirait un sentier, m'a dit une fois un ami sichuanais, mais en fait c'est une voie de deux à trois mètres de large sur laquelle pouvaient passer les palanquins à huit porteurs. A l'époque, c'étaient surtout les haleurs, les commerçants et les armées qui l'utilisaient. Pendant les saisons des hautes eaux où il devenait trop dangereux pour les barques en bois de traverser les gorges, le *zhangdao* restait la seule voie possible... »

Seulement, après la construction du barrage, cette route ancienne sera aussi submergée. De même un grand nombre d'inscriptions calligraphiques gravées par nos ancêtres le long des parois rocheuses des gorges.

Lorsque notre bateau approche de Qingshizheng, bourg du *Rocher-Vert*, les passagers se précipitent hors des cabines pour voir les douze fameux pics de la montagne de Wushan. Du haut du pont supérieur, je ne peux qu'en apercevoir neuf, trois sur la rive sud et six sur la rive nord, qui s'élancent vers le ciel comme les pointes orgueilleuses d'énormes épées.

Il était une fois, raconte la légende régionale, les douze filles de la reine du Ciel-de-l'Ouest qui, ne supportant plus la solitude et la monotonie de la vie céleste, descendirent sur la terre. Elles aidèrent Da-Yu à fendre les montagnes pour évacuer les eaux. Elles soignèrent les malades, protégèrent les paysans et les pêcheurs. Les jours s'écoulèrent, et les déesses se sentaient si attachées à la vie d'ici-bas qu'elles ne voulaient plus retourner au ciel. Elles se transformèrent alors en douze pics qui gardent désormais le corridor de la gorge de Wuxia.

Depuis la période des Royaumes-Combattants jusqu'à nos jours, ces statues fabuleuses ont nourri les rêves de nombreux peintres et poètes.

Le parcours d'une paysanne du bourg du Rocher-Vert :

Elle s'appelle Tan Jialan. Au début des années 80, elle a quitté la bourgade de Peishi pour venir se marier au Rocher-Vert. C'était juste après la Révolution culturelle, une période de « renaissance » pour la littérature et les arts chinois, le retour du printemps après un hiver extrêmement long et rude. Des écrivains, des peintres et des photographes assoiffés commençaient à parcourir la campagne à la recherche de nouvelles inspirations. Certains sont venus jusqu'au Rocher-Vert. Comme il n'y avait pas d'auberge, Tan Jialan les hébergeait chez elle. Sortis de sa maison, les artistes aiguisaient leur regard et leur ouïe devant un spectacle bouleversant : le Yangtsé, ses eaux, son grondement, ses barques ; la montagne de Wushan, ses pics, ses nuages, ses levers et couchers du soleil, ses nuits, ses légendes. De retour, ils se régalaient des légumes que la patronne cultivait dans son jardin et du porc fumé qu'elle faisait sécher elle-même. La réputation de sa maison attachante s'est répandue rapidement, de nouvelles vagues de clients y ont afflué... Si bien que Tan Jialan et son mari ont décidé de transformer en auberge leur petite maison paysanne. Plus tard, en 1985, ils ont ouvert un hôtel dans la ville de

Wushan et acheté un bateau de 100 tonnes. Tan Jialan s'est jointe au Parti communiste en 1987 et a été promue au rang des travailleurs modèles de la province du Sichuan. Lors d'une interview à propos du projet des Trois-Gorges, elle a dit : « Notre maison au Rocher-Vert nous a été laissée par mon beau-père. Nous ne la vendrions pour rien au monde. Notre hôtel dans la ville de Wushan est le fruit de dix années de dur travail – nous n'avons pas encore remboursé tous nos emprunts. Ces deux propriétés qui valent plus de deux cent mille kuais seront noyées à la suite de l'édification du barrage. Les regretterons-nous ? Bien sûr que nous les regretterons ! Mais il nous a été enseigné dès l'enfance que pour l'intérêt du Parti, pour l'intérêt du pays, il nous faut tout sacrifier, même notre maison, même nos enfants. Le projet des Trois-Gorges va enrichir le peuple de la Chine entière, donc rien de plus normal que nous y sacrifiions nos intérêts personnels. »

A la sortie de la gorge de Wuxia, le courant jaune s'élargit à nouveau, laissant apercevoir au loin de grands immeubles gris mêlés de jolies maisons basses. C'est là Badong, une petite ville millénaire où cohabitent avec des Han dix-sept minorités ethniques dont la plus nombreuse s'appelle Tujia.

Déjà sous les dynasties Tang et Song, Badong avait attiré bien des poètes connus et laissé dans leurs œuvres de nombreuses empreintes.

Depuis la dernière décennie, l'expansion touristique a redécouvert l'attrait de son pavillon en bois Qiufengting, *Vent-d'Automne*, construit en 981 ; le charme de ses vieilles ruelles dallées où les maisons au toit de tuiles noires résistent encore au béton comme les témoins pittoresques de sa longue histoire ; la richesse de ses sites culturels et archéologiques – temples bouddhiques et taoïstes, grottes habitées par les Ba, groupements de quelque deux mille six cents tombes millénaires (période néolithique, période du Printemps-Automne, période des Royaumes-Combattants, dynasties Han et Wei) – ; la beauté sauvage du paysage le long des rives de la Shennong, *Divin-Laboureur**, dont le cours limpide et tortueux serpente à travers le canton avant de se jeter dans les eaux boueuses du Yangtsé ; et surtout, l'enchantement des villages de Tujia et de leurs coutumes – maisons, nourriture, chansons, danses, costumes, artisanat et fêtes...

Mais située seulement à 64 kilomètres en amont du barrage, la ville va être entièrement submergée. De surcroît, les eaux du lac de retenue vont remonter la rivière Divin-Laboureur et ses nombreux affluents, noyant 11 bourgades, 73 villages, 1 300 hectares de champs cultivés et beaucoup de sites archéologiques groupés le long de la rivière. De nombreuses espèces rares d'animaux et de plantes seront aussi affectées. Environ 34 000 personnes devront être déplacées et réinstallées.

Comme le *Taisheng 5* n'est pas un bateau de tourisme, il repart de Badong aussitôt après le débarquement et

* Shennong, ou *Divin-Laboureur*, est le surnom de l'empereur Yan, personnage légendaire qui passe pour avoir inventé l'agriculture et l'avoir enseignée aux Chinois primitifs.

l'embarquement des voyageurs, se dirige vers Xilingxia, la dernière des trois gorges.

Au bord du fleuve ample, sur les pentes devenues moins abruptes qui s'étendent au pied des montagnes, défilent maintenant des champs de maïs en terrasses, des maisons tantôt dispersées tantôt groupées parmi des orangers au feuillage vert et vernissé, des bananiers agitant leurs grands éventails, et des bouquets de bambous dont les longues tiges se penchent vers le sol avec une grâce nonchalante.

Où devront déménager ces gens-là ? Où devront-ils trouver de nouveaux champs arables ? Ailleurs ou... plus haut ? Je lève la tête pour parcourir du regard les montagnes à dos vert. « Mais les pentes sont bien raides et la couche de terre, bien mince. Une pluie, ce sera l'érosion. Trois jours de soleil, la sécheresse. » Qui m'a dit ça déjà ?

Juste avant de pénétrer dans la Xilingxia, notre bateau passe devant Zigui, une autre ville très ancienne, pays natal de Qu Yuan, le plus célèbre poète de l'Antiquité chinoise (340-278 avant notre ère).

Qu Yuan vécut dans la période des Royaumes-Combattants. Il était également connu comme homme d'État imprégné d'un grand sens patriotique. Mais diffamé par les jaloux, il perdit la faveur du souverain du royaume Chu, fut chassé de la capitale. C'est dans son exil solitaire qu'il écrivit son chef-d'œuvre *Lisao*, le poème le plus long et le plus connu de notre littérature antique, où il assiste, avec un désespoir impuissant, à la dégradation puis l'effondrement du royaume Chu. Le cinquième jour de la cinquième lune en 278 avant notre ère, Qu Yuan alors âgé de soixante-deux ans ne voulant plus survivre à la dislocation de son pays, se jeta dans le fleuve Guluo. La nouvelle se répandit comme une traînée de poudre, des gens accoururent de tous côtés en bateau mais ne réussirent pas à le repêcher. De crainte que les poissons ne mangent son corps, les sauveteurs jetèrent dans l'eau des tronçons de bambou bourrés de riz pour les attirer...

Depuis lors, ce jour est commémoré chaque année par la fête des Barques du Dragon, pour laquelle on prépare des *zhongzi*, petits gâteaux pyramidaux faits de riz gluant enveloppés dans des feuilles de bambou qu'on cuit à l'eau et qu'on mange souvent avec du miel.

A environ un kilomètre en aval de Zigui, sur la côte nord du Yangtsé, se trouve une petite baie surnommée baie de Qu Yuan. Cela se passait après la mort du poète, dit la légende. Sa sœur fit un rêve étrange dans lequel elle le vit revenir à bord d'une barque du dragon. Le lendemain, dès l'aurore, elle alla l'attendre sur la baie. Elle vit alors une énorme carpe rouge remonter le fleuve, entrer dans la baie, lui faire trois signes de la tête, ouvrir la bouche, lui rendre le corps de son frère. Elle le fit enterrer près de la baie. En 823, sous la dynastie Tang, le gouverneur du canton y fit bâtir le temple de Qu Yuan. La construction fut restaurée et agrandie plus tard, en 1080, sous la dynastie Song. Puis, en 1976, menacés par la montée des eaux à la suite des travaux du barrage de Gezhouba, la tombe du poète et le temple furent déplacés et reconstruits dans l'est de la ville de Zigui.

De loin, j'arrive à distinguer son haut portail badigeonné en blanc et rouge, ses toits de tuiles grises aux arêtes aiguës et relevées. A cause du barrage des Trois-Gorges, ce monument historique devra changer de place. Encore une fois.

Que dirait le poète s'il apprenait, là où il se trouve, ce qu'on est en train de faire à son fleuve nourricier ?

Le *Taisheng 5* entre maintenant dans la Xilingxia, la plus difficile et la plus meurtrière des trois gorges pour les bateliers d'autrefois.

En contemplant le fleuve où se livre un combat violent de forces contraires, et les hautes montagnes qui l'enserrent, je pense à tout ce que j'ai vu et entendu durant mon voyage. Le Yangtsé n'est pas seulement cet écoulement ample. Il n'est pas seulement cette source d'énergie à exploiter. Comme tous les grands fleuves du monde, il est l'histoire. L'histoire de la nature. L'histoire de la civilisation humaine. Il est l'aliment. Il arrose les terres. Il nourrit les hommes. Il féconde aussi leur esprit, leur culture... Il appartient à l'Humanité.

Un grand projet de sauvegarde vanté dans *Le Quotidien du Peuple* :

Afin de compenser la perte des patrimoines culturels et naturels dans la région des Trois-Gorges et de faire rayonner la culture chinoise, un nouveau site important sera créé à la Xilingxia, sur l'initiative de l'Académie nationale des beaux-arts, de l'Institut des beaux-arts du Hubei et de l'Institut des beaux-arts du Guangdong. Déjà 178 peintres et calligraphes ont accepté de participer au voyage organisé, et leurs œuvres au sujet des Trois-Gorges – poèmes, peintures, calligraphies et ouvrages sigillographiques – seront ensuite gravées sur un large pan de falaise (environ 3 000 mètres carrés), près du Pont-de-l'Immortel.

Un ami sichuanais m'a offert un recueil de photos prises par vingt-neuf photographes ayant parcouru la région. C'est un beau livre qui m'a fait rêver. Lorsque plus tard le hasard a mis dans mes mains le journal qui m'apprenait le projet des Trois-Gorges, j'ai cherché dans ce recueil Zhongbaodao, l'emplacement du barrage gigantesque.

Sur la photo, c'est un îlot allongé, perdu dans les eaux furieuses du Yangtsé. Une marqueterie charmante de blés verts et de colzas dorés, en forme de nouvelle lune.

Il y a des milliers et des milliers d'années, racontent les gens du coin, la Xilingxia était enveloppée dans un brouillard intense et sombre de l'hiver à l'été, de l'automne au printemps. On ne pouvait compter combien de barques se brisèrent contre ses écueils, combien de bateliers s'y abîmèrent. Un jour, une déesse passa par là. Touchée par les pleurs des familles des naufragés, elle lança une grosse perle d'un bel orient dans les vagues à reflets jaunâtres. D'un coup, le brouillard se dissipa, la gorge s'éclaira. La perle devint plus tard la petite île de Zhongbaodao.

Le premier jour de mars 1958, Zhou Enlai débarqua sur l'île. Cinq familles vivaient là, au milieu des champs de blé, à l'ombre des orangers et des bambous. Un vieux paysan de soixante-dix ans montra au Premier ministre l'endroit où il avait déterré des pots en argile cuite et des haches en pierre. L'archéologue qui accompagnait le Premier ministre les examina puis affirma que ces objets précieux remontaient au néolithique. Mais l'archéologie n'était pas le but de la visite du Premier ministre. Il débarquait sur l'île, parce que c'était là que devait s'élever le plus grand barrage du monde...

Une agitation soudaine parmi les promeneurs me tire brusquement de mes pensées.

Le chantier du barrage !

Chantier qui s'étend sur les deux rives du fleuve. A perte de vue. Sidérant.

Montagnes rongées, aplaties. Grues dressées vers un ciel blanchâtre. Comme un troupeau de bousiers, excavatrices et bulldozers mugissent au milieu des tourbillons de poussière, en écho aux tonnerres des explosifs. Fourmilière de gros camions chargés de rocailles courant en tous sens. Rangées de citernes à essence groupées au pied d'une colline. Immeubles géants aux toits de tuiles dorées. Déploiement de baraques basses, innombrables, qui doivent abriter plus de cent quinze mille ouvriers, venus de toute la Chine.

Panneaux où se déploient des slogans gigantesques aux idéogrammes rouge vif sur fond blanc : « Construisons le barrage des Trois-Gorges, exploitons les ressources énergétiques du Yangtsé » ; « Gestion de la meilleure qualité, travaux de la meilleure qualité » ; « Établissons soigneusement nos plans de construction, réalisons nos travaux avec application »...

Où se trouve la Zhongbaodao, grosse perle de la déesse compatissante, habitat quatre fois millénaire des hommes Ba ? Où se trouve-t-elle ?

Je descends en hâte, me lance sur la trace d'un garçon d'équipage, lui pose la question.

– L'île de Zhongbaodao ?... Ça n'existe plus !

Rasée. Anéantie.

Voué au sacrifice, condamné à la défiguration, disparaîtra aussi le site unique des Trois-Gorges, berceau fécond de notre civilisation, source d'inspiration inépuisable de notre culture...

Le cœur lourd, je remonte sur le pont supérieur.

D'un côté comme de l'autre, défile toujours le chantier de construction colossal avec ses lourdes machines et ses épais nuages de poussière jaune. Un visage aux traits flous apparaît peu à peu sur ce paysage stupéfiant. Il s'approche, s'agrandit, se précise... Je m'en souviens. Je l'ai rencontré début 1976, à la campagne, dans un village à trois kilomètres de celui où je travaillais. Un garçon de vingt-quatre ans qui venait de quitter l'armée après trois ans de service dans le génie. Je ne me rappelle plus son nom, mais sa voix fut enregistrée au plus profond de ma mémoire. Car, cette voix apocalyptique m'a révélé que, dans la province du Henan, un barrage brisé après des pluies torrentielles avait entraîné l'écroulement d'autres barrages, que les eaux déversées sur la plaine avaient balayé d'innombrables villages et bourgs, emportant une centaine de milliers de vies. L'armée avait été envoyée d'urgence dans la région sinistrée pour aider les survivants et ramasser les corps. « Tous mes camarades originaires de cette région qui y étaient retournés en permission juste avant la catastrophe, affirma l'ancien soldat, ne sont jamais revenus. Tous noyés là-bas. »

Le barrage des Trois-Gorges posera-t-il des problèmes de sécurité semblables, ou même plus graves, pour des millions et des millions de gens qui vivent dans les provinces situées en aval ? Représentera-t-il un danger permanent pour Wuhan, Nanjing et Shanghai, immenses villes que traverse le cours inférieur du Yangtsé ? Si une erreur de calcul est commise ?... S'il se produit un accident lors de la construction ?... Si surviennent des glissements de terrain importants ou des tremblements de terre, aggravés par le poids du lac de retenue ?... Si une guerre éclate ?... Si des pluies diluviennes et soudaines s'abattent sur les régions en amont ?... Si le réservoir est rapidement saturé de boues et de sédiments comme l'ont prédit beaucoup d'experts... ?

Désastres naturels amplifiés par la bêtise humaine, ou erreurs humaines aggravées par les désastres naturels, lesquels seront les plus catastrophiques ?

Un rêve peut être beau tant qu'il ne se termine pas en cauchemar. Irréversible.

Une vieille chanson des haleurs du Yangtsé :
En janvier s'allument les lanternes,
En février s'envolent les cerfs-volants,
En mars l'encens est brûlé aux tombes des ancêtres,
En avril sont transplantés les jeunes plants de riz,
En mai les barques du dragon sillonnent les rivières,
En juin on agite les éventails pour se rafraîchir,
En juillet les âmes des morts reviennent visiter la maison,
En août on fête la mi-automne au clair de la lune,
En septembre se prépare le festival du double neuf,
En octobre les citrouilles se dorent au soleil,
En novembre vient la cueillette des gros navets,
*En décembre les cochons sont tués à l'approche du Nouvel An.**

* La fête des Lanternes a lieu durant la première lune après le Nouvel An chinois ; la fête des Morts, la 3e lune ; la fête des Barques du Dragon, la 5e lune ; la fête des Fantômes, la 7e lune ; la fête de la Mi-automne, la 8e lune ; la fête du Double Neuf, la 9e lune.

NOTE

Ce livre est un récit de voyage. Les incidents racontés sont vrais, les lieux parcourus et les personnes rencontrées sont réels. Mais j'ai changé les noms des villages que j'ai visités, le nom de la petite rivière qui les baigne, et les noms des paysans qui m'ont reçue et parlé, de crainte que mon récit ne leur attire des ennuis – j'espère que le lecteur le comprendra.

Dans la mesure où les données en chiffres sont officielles et certains événements relatés sont « historiques », il m'a paru souhaitable de donner au lecteur des indications sur les principales sources utilisées :

Quotidien du Peuple (de 1992 à 1995)

Recueil d'études démonstratives sur le projet des Trois-Gorges – les niveaux des eaux (Yang Biao, Maison d'édition de Chongqing, avril 1994)

Comment le projet des Trois-Gorges est-il né – les coulisses (Wang Qunsheng, Maison d'édition de Chongqing, septembre 1992)

Comment le projet des Trois-Gorges a-t-il été adopté –

journal d'un délégué de l'Assemblée nationale (Huang Jiren, Maison d'édition de Chongqing, septembre 1992)

Le Projet des Trois-Gorges – grand déplacement de populations (Lu Daxian, Maison d'édition de Chongqing, septembre 1992)

La Région du réservoir des Trois-Gorges – recueil de documents sur le développement, l'investissement, le tourisme et la géographie (par le Bureau général d'édition des annales régionales de Chongqing, le Bureau d'édition des annales locales de Yichang, Wanxian et Badong, Maison d'édition de la Polytechnique de Chengdu, mars 1993)

La Littérature folklorique de la région est du Sichuan (Jing Xiangming, Maison d'éditions littéraires et artistiques du Sichuan, septembre 1992)

China Atlas (Maison d'éditions cartographiques de Chengdu, février 1995)

The International Development of China (Sun Yat-Sen, published on behalf of the London Office, Chinese Ministry of Information, Hutchinson & Co Publishers Ltd. London. New York. Melbourne). Il n'y a pas de date de publication dans le livre, mais la préface par Sun Fo (achevée le 6 octobre 1928) montre que la publication devait se situer à la fin des années 20 ou au début des années 30.

TABLE

Cet ouvrage a été composé par
I.G.S. - Charente Photogravure
16340 L'Isle-d'Espagnac
et imprimé sur presse CAMERON
par Bussière Camedan Imprimeries
à Saint-Amand-Montrond (Cher)
en février 1997 pour le compte des Éditions Denoël

Imprimé en France
Dépôt légal : mars 1997
N° d'édition : 7933. - N° d'impression : 1/426.